Der Trojanische Krieg

Ein fesselnder Überblick über einen legendären Konflikt des antiken Griechenlands und seine Rolle in der Geschichte und der griechischen Mythologie

© Copyright 2023

Alle Rechte vorbehalten. Kein Teil dieses Buches darf in irgendeiner Form ohne schriftliche Genehmigung des Autors reproduziert werden. Rezensenten dürfen in Besprechungen kurze Textpassagen zitieren.

Haftungsausschluss: Kein Teil dieser Publikation darf ohne die schriftliche Erlaubnis des Verlags reproduziert oder in irgendeiner Form übertragen werden, sei es auf mechanischem oder elektronischem Wege, einschließlich Fotokopie oder Tonaufnahme oder in einem Informationsspeicher oder Datenspeicher oder durch E-Mail.

Obwohl alle Anstrengungen unternommen wurden, die in diesem Werk enthaltenen Informationen zu verifizieren, übernehmen weder der Autor noch der Verlag Verantwortung für etwaige Fehler, Auslassungen oder gegenteilige Auslegungen des Themas.

Dieses Buch dient der Unterhaltung. Die geäußerte Meinung ist ausschließlich die des Autors und sollte nicht als Ausdruck von fachlicher Anweisung oder Anordnung verstanden werden. Der Leser / die Leserin ist selbst für seine / ihre Handlungen verantwortlich.

Die Einhaltung aller anwendbaren Gesetze und Regelungen, einschließlich internationaler, Bundes-, Staats- und lokaler Rechtsprechung, die Geschäftspraktiken, Werbung und alle übrigen Aspekte des Geschäftsbetriebs in den USA, Kanada, dem Vereinigten Königreich regeln oder jeglicher anderer Jurisdiktion obliegt ausschließlich dem Käufer oder Leser.

Weder der Autor noch der Verlag übernimmt Verantwortung oder Haftung oder sonst etwas im Namen des Käufers oder Lesers dieser Materialien. Jegliche Kränkung einer Einzelperson oder Organisation ist unbeabsichtigt.

Inhaltsverzeichnis

EINFÜHRUNG...1
   TEIL EINS: VOR DEM KRIEG 3
   KAPITEL 1: WER WAREN DIE TROJANER? 4
   KAPITEL 2: WER WAREN DIE ACHÄER?...10
   KAPITEL 3: DIE URSACHEN DES TROJANISCHEN KRIEGES 16
   KAPITEL 4: DIE SAMMLUNG DER ACHÄISCHEN TRUPPEN 21
   TEIL ZWEI: DER TROJANISCHE KRIEG 26
   KAPITEL 5: DER KRIEG BEGINNT 27
   KAPITEL 6: DIE *ILIAS*..31
   KAPITEL 7: DER TOD VON PENTHESILEA, MEMNON UND
   ACHILLES 40
   KAPITEL 8: AJAX' TOD UND DIE LETZTEN PROPHEZEIUNGEN 48
   KAPITEL 9: DAS TROJANISCHE PFERD UND DIE PLÜNDERUNG
   TROJAS 54
   TEIL DREI: DIE WIRKUNG DES TROJANISCHEN KRIEGS.....................67
   KAPITEL 10: DIE LITERATUR: ANTIKE GRIECHISCHE AUTOREN
   ÜBER DEN TROJANISCHEN KRIEG..68
   KAPITEL 11: DIE LEGENDE: WIE DIE ANTIKEN GRIECHEN DEN
   TROJANISCHEN KRIEG BETRACHTETEN..79
   KAPITEL 12: DAS VERMÄCHTNIS: HEUTIGE ERKENNTNISSE UND
   INTERPRETATIONEN 90
SCHLUSSBEMERKUNG 99

SCHAUEN SIE SICH EIN WEITERES BUCH AUS DER REIHE
ENTHRALLING HISTORY AN. 101
LITERATUR..102

Einführung

Der Trojanische Krieg: epische Erzählung oder historische Tatsache? Darüber streiten die Historiker.

Irgendwann um das Jahr 1200 v.u.Z. tobte ein jahrzehntelanger Krieg zwischen den Griechen der Antike und ihren Rivalen in Troja, jenseits der Ägäis. Die Geschichte gehört zu den ältesten der Welt und die Erzählung des griechischen Dichters namens Homer findet immer noch Eingang in viele Lehrpläne an Gymnasien und Universitäten. Wer waren diese Griechen und was trieb sie an, so lange zu kämpfen, so weit weg von zu Hause? Wer waren die Trojaner und wie konnten sie die mächtigen Griechen zehn lange Jahre abwehren? Vielleicht noch wichtiger, was hat uns veranlasst, diese Geschichte seit tausenden von Jahren wieder und wieder zu erzählen?

Bis in die Mitte des 18. Jahrhunderts galt der Trojanische Krieg als reiner Mythos, aber es gab immer einige, die die menschliche Seite der Geschichte für wahr hielten. Archäologen haben die Überreste einer Stadt entdeckt, von der sie glauben, dass es sich um die antike Stadt Troja aus der Bronzezeit handelt, die auf das 12. Jahrhundert v.u.Z. zurückgeht. Als Beweis gelten unter anderem verstreute Skelette und verkohlte Trümmer, was darauf hindeutet, dass die Stadt in einem Krieg zerstört wurde. Ausgrabungen im Jahr 1988 förderten eine große Stadt (75 Hektar) zutage, die von Weizenfeldern umgeben war - eine Stadt, die offenbar in ihrer Blütezeit stand. Aber war das Homers „Troja"?

Hethitische Texte aus dieser Zeit zeigen, dass die Stadt, die Homer „Troja" nannte, als „Wilusa" bezeichnet wurde, was im Griechischen -

der Sprache, in der Homer schrieb - mit „Ilion" übersetzt wird. Dies deutet auf eine Verbindung zwischen „Ilion" und der *Ilias* hin.

Es besteht kein Zweifel, dass Homers Geschichte voll von den Göttern der Mythologie ist, die unmöglich einen wirklichen Kampf hätten führen können, aber die Fliege in der Suppe macht die Suppe nicht imaginär, sondern würzt sie nur. Um die *Ilias* zu verstehen, müssen wir die Zeit betrachten, in der sie geschrieben wurde.

In der Mitte des 8. Jahrhunderts v.u.Z. kam Griechenland gerade aus seinem dunklen Zeitalter heraus und erlebte die Wiedereinführung der Schriftsprache - etwas, das verloren gegangen war. Die Menschen glaubten, dass Götter und Göttinnen eine Rolle in ihrem täglichen Leben spielten und dass ihr Schicksal davon abhing, wie würdig sie in den Augen dieser Götter erschienen. Als die Stadtstaaten auf dem Vormarsch waren und Kolonien innerhalb und außerhalb der griechischen Grenzen gegründet wurden, entwickelten sich die ersten Vorstellungen der klassischen Philosophie. Diese und andere Entwicklungen führten zu einer bedachteren Art von Nationalismus, und man nahm an, dass Homers Geschichte gleichgültige Bürger wieder in einem Überschwang von Patriotismus vereint habe, der in den vorangegangenen Jahrhunderten so gut wie verloren gegangen war.

Tolles Timing für Homer! Er diktierte die *Ilias* (Homer war blind) und verwob die Mythologie mit der Geschichte und forderte seine Zuhörer und Leser auf, nicht nur die Siege und Niederlagen zu berücksichtigen, sondern auch ihre eigenen Moralvorstellungen und Entscheidungen. Platon sollte später verkünden, dass Homer „der Erzieher von ganz Griechenland" gewesen sei, wegen der Auswirkungen, die Homers Werke zu dieser Zeit auf Griechenland hatten. Und sicherlich hat dieser prägende Text für die alten Griechen noch Jahrzehnte nach seiner Niederschrift eine langanhaltende Wirkung gehabt.

Begleiten Sie uns, während wir den Hintergrund und die Kulisse des Trojanischen Krieges von Homers *Ilias* betrachten und lernen Sie eine weitere Lektion über die Sinnlosigkeit und Torheit des Krieges. Warum begann er? Warum eskalierte er? Was können wir heute aus diesem mythischen oder auch nicht-mythischen Krieg lernen? Ähnlich wie das historische und mythologische Quellenmaterial werden die Antworten auf diese Fragen mit dem Handeln und der Politik der griechischen Götter verwoben sein. Lesen Sie weiter...

TEIL EINS:
VOR DEM KRIEG

Kapitel 1: Wer waren die Trojaner?

Die Stadt Troja liegt in der Türkei, die zur Zeit der Trojaner Anatolien genannt wurde. In heutigen Begriffen liegen die Ruinen der antiken Stadt in der Nähe der Stadt Gallipoli.

Ungefähre Lage von Troja.
Map data ©2023 GeoBasis-DE/BKG (©2009), Google, Inst. Geogr. Nacional, Mapa GISrael
https://www.google.com/maps/place/Gallipoli+Peninsula/@42.7867119,22.0686044,5z/

Es wurde viel über das Erbe der Trojaner diskutiert. Während die eindringenden Griechen eine Gruppe vom Festland waren, die *Achäer* genannt wurden, gab es auch viele griechische Stadtstaaten auf der anderen Seite der Ägäis. Da die meisten von den Griechen erzählten Kriegsgeschichten die Trojaner als den Achäern ebenbürtig oder sogar überlegen darstellen, glaubte man lange Zeit, sie seien selbst Griechen.

Jüngste Ausgrabungen haben jedoch die Meinung der meisten Archäologen verändert und die Darstellung von Homer und anderen frühen griechischen Historikern bestätigt. Troja wurde erstmals zwischen 1863 und 1890 ausgegraben und identifiziert, als Frank Calvert und Heinrich Schliemann eine Fundstätte entdeckten, die weniger beeindruckend war, als sich die Wissenschaftler erhofft hatten. Sie gruben eine kleine Zitadelle von ungefähr einem Morgen Größe aus, was sie zu der Ansicht brachte, dass Troja seine Blütezeit bereits hinter sich gehabt haben musste, als die Achäer einfielen und es besiegten.

Doch die jüngsten Ausgrabungen unter der Leitung von Manfred Osman Korfmann profitierten sowohl von der hundertjährigen Erforschung als auch von neuen Technologien, die es seinem Team ermöglichten, ein Troja zu enthüllen, das der epischen Erzählung würdig ist, die wir kennen. Statt einer Größe von weniger als einem Morgen war Troja ein ausgedehntes und befestigtes Gebiet von etwa 75 Morgen, das sich in der Blüte seines Einflusses und seiner Kultur befand, genau wie Homer es beschrieben hatte. Nun, vielleicht nicht genau wie von Homer beschrieben, denkt man an seine Vorliebe, das Eingreifen der griechischen Götter und Göttinnen mit der Geschichte zu verbinden, aber doch ähnlicher, als die Archäologen früher geglaubt hatten.

Diese Ausgrabungen haben nicht nur die Macht und den Reichtum der Trojaner zur Zeit des Krieges mit den Achäern und ihrem anatolischen Erbe offenbart. Stadtplanung, Gebäude und Kunst stimmten eher mit denen Südwestasiens als Südosteuropas überein. Es wurden Dokumente entdeckt, die ihre Sprache mit der der Hethiter in Palästina in Verbindung bringen und Beweise dafür liefern, dass sie Verbündete Trojas waren. Auch wenn der griechische Einfluss reichlich vorhanden war, war er nicht dominant, und eher das Ergebnis von Handel und kultureller Interaktion als von kultureller Verwandtschaft.

Da die jüngsten Ausgrabungen vieles von dem bestätigt haben, was Homer und andere griechische Historiker behauptet hatten, kann man der Beschreibung der Trojaner in ihren Geschichten vielleicht mehr

Glauben schenken. Selbst Homers Beschreibungen der Göttinnen und Götter, die einst bestenfalls als reine Unterhaltung und schlimmstenfalls als schädlicher Einfluss in einer ansonsten historischen Aufzeichnung angesehen wurden, erhalten zunehmend mehr Aufmerksamkeit. Denn sobald wir die bedeutenden archäologischen Beweise akzeptieren, die darauf hindeuten, dass Troja keine griechische Stadt war, finden wir uns in der unangenehmen Situation, dass die Trojaner bestimmte griechische Gottheiten verehrten, die ihnen Beistand leisteten.

Haben die Griechen ihre Götter aus dem Nahen Osten importiert, so wie die Römer sie sich Jahrhunderte später wieder aneigneten und umbenannten? Oder gab es vielleicht einfach Überschneidungen? Das größte Rätsel dreht sich um die Rolle des Apollo, dem der Bau der berühmten Mauern Trojas zugeschrieben wird, die die Griechen so lange fernhielten. Als Figur in Homers Erzählung stellte er sich an entscheidenden Punkten auf die Seite der Trojaner, beginnend mit einer Plage, die er im griechischen Lager entfesselte, und führte den Giftpfeil, der schließlich den scheinbar unverwundbaren griechischen Krieger Achilles tötete.

Darüber hinaus war Prinzessin Kassandra von Troja eine Priesterin des Apollo und ihr Bruder, Hektor, der trojanische Held der Geschichte, soll von Apollo gezeugt worden sein. Wenn also die Trojaner keine Griechen waren, warum war dann ein griechischer Gott so eng mit ihrer Kultur verwoben?

Die Bedeutung von Apollo

Nach der griechischen Mythologie war Apollo der Sohn von Zeus und Leto, einer Tochter der Titanen, die Zeus und die übrigen Götter stürzten. Die Tatsache, dass es eine alte Reihe von Göttern gab, die verdrängt wurden, wurde lange Zeit als Hinweis auf einen frühen Kampf der Griechen gegen nicht-griechische Führer um Autonomie interpretiert.

Nachdem Zeus die meisten Titanen im Tartarus gefangen hatte, nahm er Hera zur Frau, aber Leto war die Tochter seiner früheren Feinde. Sogar der Name Leto hat eher lydische als griechische Ursprünge, und in ganz Anatolien wurden viele Tempel zu ihren Ehren gefunden. Die *Ilias* wurde von Homer etwa vierhundert Jahre nach den Ereignissen des Trojanischen Krieges geschrieben, was für Leto, Apollo und seine Zwillingsschwester Artemis mehr als ausreichend gewesen wäre, um in das griechische Pantheon aufgenommen zu werden. Wegen der Bedeutung des Krieges und des griechischen Sieges wurden Apollo und Artemis auf den Olymp befördert, wodurch sie zu den bedeutendsten Göttern gehörten.

Weitere Beweise für die griechische Aneignung von Apollo erst nach dem Krieg liefert die schiere Zahl seiner Kräfte und Gaben. Er ist der Sonnengott, obwohl die Griechen bereits den Titan Helios anbeteten. Apollo zog jeden Tag hinter seinem Wagen einen Feuerball über den Himmel. Er ist auch der Gott des Lichts, der Kunst, des Bogenschießens, der Musik, der Plagen, der Heilung, der Prophezeiung und der Wahrheit, um nur einige zu nennen. Diese sind wohl beeindruckender als Zeus' Gaben und kennzeichnen eine bedeutendere Gottheit, als seine Nebenrolle in der griechischen Mythologie vermuten lässt.

Die königliche Familie von Troja

Die Trojaner, die an der Geschichte beteiligt waren, waren zumeist Mitglieder der königlichen Familie. Wie bei ihren griechischen Gegnern herrschte auch über Troja eine Monarchie, an deren Spitze König Priamos stand, als die Achäer zum zweiten Mal über die Ägäis stürmten, um Trojas Tore zu belagern. Ja, *das zweite Mal.*

Das erste Mal ereignete sich während der Regierungszeit von Priamos' Vater, Laomedon. Laomedon beging zwei berühmte Fehler, für die sein Volk und seine Familie teuer bezahlen mussten. Zuerst verweigerte er die Zahlung an Apollo und Poseidon, nachdem sie geholfen hatten, die Mauern seiner Stadt zu erbauen. Als Strafe sandte der Erste eine Pest über die Stadt und der Zweite entfesselte ein Seeungeheuer, einen Keto, um sie vom Meer aus anzugreifen. Es bedurfte der Anstrengungen des berühmten griechischen Halbgottes Herakles, das Tier zu töten und die Pest zu beenden, aber Laomedon machte einen zweiten, fatalen Fehler, indem er sich weigerte, Herakles die Pferde zu geben, die ihm als Gegenleistung für seine Hilfe versprochenen worden waren.

Im Gegensatz zum späteren zehnjährigen Feldzug machten Herakles und sein Begleiter Telamon kurzen Prozess bei der Belagerung. Telamons Vater hatte geholfen, einen Teil der Mauer zu errichten, und im Gegensatz zu den Abschnitten von Apollo und Poseidon, hatte dieser Teil eine Schwachstelle. Die Krieger nutzten dieses geheime Wissen aus, um in die Stadt einzudringen und König Laomedon zu töten. Als Teil ihrer Rache für den Verrat des toten Königs begannen sie, seine Söhne zu ermorden, einen nach dem anderen, bis sie den jungen Priamos erreichten. Seine Schwester Hesione bot sich Telamon als Lösegeld an, der sie zur Frau nahm, und Priamos als Gegenleistung verschonte. In der Tat bedeutet Priamos „der Erlöste" (vor diesen Ereignissen war er *Podarces* genannt worden).

Priamos bestieg den Thron Trojas und allen Berichten nach war er ein gerechter und weiser Herrscher. Troja gedieh unter seiner Herrschaft und er soll nicht weniger als 86 Kinder gezeugt haben. Er pflegte den trojanischen Brauch aristokratischer Männer und hatte viele Frauen, von denen Hekuba an erster Stelle stand. Hekuba selbst brachte neunzehn Kinder zur Welt, darunter Hektor, Paris und Kassandra, die alle eine wichtige Rolle im Trojanischen Krieg spielten. Hektor war der Thronfolger und der stärkste aller trojanischen Krieger, stärker noch als sein Vater Priamos. Hektor galt als das Beste, was Troja zu bieten hatte. Sogar die Griechen, als Urheber der Erzählung, stellten ihn als den heldenhaftesten aller ihrer Charaktere dar. Homers *Ilias* handelt von der Tragödie des Hektor ebenso wie von der Wut des Achilles. Durch Homers Werk repräsentieren Hektor und seine Frau Andromache sowohl trojanische als auch griechische Männer- und Frauenideale der Gesellschaft.

Paris, Hektors Bruder, ist ein anderer Fall. In einigen Berichten wird er als der Sohn des Gottes Apollo beschrieben. Während Hektor als Trojas größter Verteidiger gilt, ist Paris dafür verantwortlich, die Stadt in Gefahr zu bringen. Im Laufe der Geschichte wird der Kontrast zwischen den beiden Brüdern immer wieder hervorgehoben. Während Hektor die Kriegskunst beherrscht, gesteht Paris seine Unzulänglichkeiten ein und benutzt vor allem Pfeil und Bogen, um den Nahkampf zu vermeiden. Als Paris vom König der Spartaner, Menelaos, zu einem Einzelkampf herausgefordert wird, um den Krieg zu beenden, flieht er, anstatt seine Niederlage zu akzeptieren, was zum Tod vieler weiterer Trojaner und Griechen führt. Im Gegensatz dazu ist Hektor bereit, zur Verteidigung der Stadt und der Ehre seiner Familie zu sterben, was er mehrfach unter Beweis stellt.

Kassandra, die Tochter von Priamos und Hekuba, ist eine weitere wichtige Figur im Trojanischen Krieg. Als Priesterin von Apollo kam der Gott zu ihr und bot ihr die Gabe der Prophezeiung an. Als sie sich später weigert, seine Kinder zu empfangen, verflucht Apollo sie und sagte ihr, dass man ihren präzisen Prophezeiungen stets mit völligem

Unglauben begegnen werde. Infolgedessen sagte sie den Fall Trojas an die Achäer voraus, aber niemand hört zu. Diese kleine Geschichte steigert die Verwirrung um die Rolle Apollos, der abwechselnd die Trojaner unterstützt und verflucht. Das „Kassandra-Syndrom" hat seinen Weg in die Populärkultur gefunden und bezieht sich auf jeden, der gültige und vorsichtige Warnungen macht, die ignoriert werden.

Schließlich ist da noch der Charakter Aeneas, der im Trojanischen Krieg nur eine untergeordnete Rolle spielt, aber in den folgenden Ereignissen größere Bedeutung erlangt. Er ist der Sohn eines trojanischen Prinzen und der Göttin Aphrodite. Die Götter befehlen ihm, zusammen mit seinem Vater, seinem Sohn und mehreren Gefährten zu fliehen. Seine Geschichte wird von Vergil, einem bekannten römischen Dichter, beschrieben, der Aeneas' Abenteuer in der *Aeneis* bis zu seiner Übersiedlung nach Italien und seine Verbindung zu Romulus und Remus, den ersten Königen Roms, beschreibt. In vielerlei Hinsicht spiegelt seine Geschichte die des Odysseus – Ithakas König und zentrale Figur der *Odyssee* – und der Griechen wider, die nach dem langen Krieg nach Ithaka zurückkehren wollten.

Kapitel 2: Wer waren die Achäer?

Die Griechen, die am Trojanischen Krieg beteiligt waren, waren Teil des mykenischen Griechenlands, das von etwa 1750 v.u.Z. bis 1050 v.u.Z. dauerte.

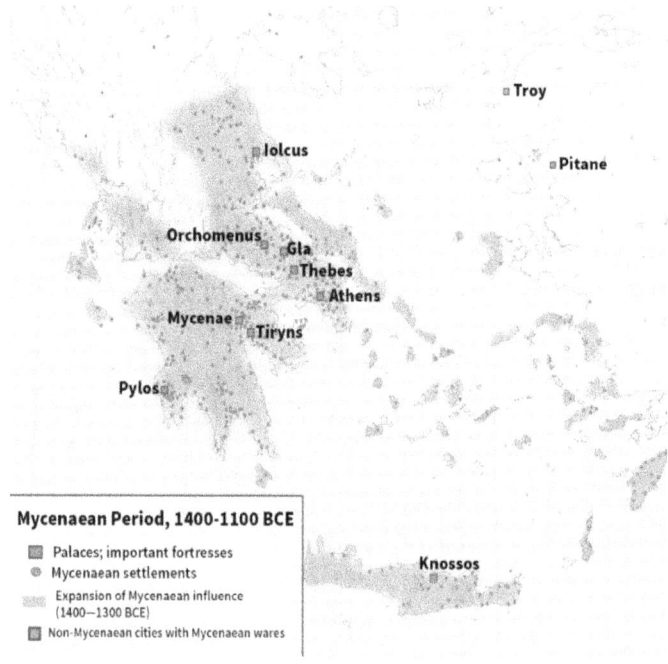

Das mykenische Griechenland.
This file is licensed under the Creative Commons Attribution-Share Alike 3.0 Unported license.
https://creativecommons.org/licenses/by-sa/3.0/deed.en
https://en.wikipedia.org/wiki/File:Mycenaean_World_en.png

Homer bezeichnet diese Griechen in der *Ilias* am häufigsten als die „Achäer" (griechisch Achaier), und wir folgen dieser Konvention. Es ist jedoch zu beachten, dass dies etwas verwirrend ist, da sich der Begriff eigentlich auf die Bewohner der Region Achaia im Norden der Peloponnesischen Halbinsel bezieht und die Achaische Liga im 3. Jahrhundert v.u.Z. von den Stadtstaaten der Region gegründet wurde. Homers Achäer waren nicht auf diese Region beschränkt und kamen stattdessen aus Königreichen des ganzen griechischen Festlands. Homer bezieht sich auch auf die griechischen Streitkräfte als Danäer, Argiver (Bewohner der Region um Argos), Panhellenen und Hellenen in der *Ilias*. Auch hier werden wir für die Zwecke unserer Darstellung den Sammelnamen *Achäer* für diese Menschen verwenden.

In vielerlei Hinsicht waren die Achäer während der Bronzezeit die Wikinger des Mittelmeeres. Sie waren noch nicht zur klassischen Zivilisation Athens im Goldenen Zeitalter herangereift – auch nicht zur strukturierten Kriegergesellschaft Spartas während der Perserkriege. Diese griechischen Kulturen waren weniger leistungsfähig, aber möglicherweise bedrohlicher, als es ihre Nachkommen sein sollten.

Auf einigen der ersten Kriegsschiffe, die jemals gebaut wurden, breiteten sie sich über die Inseln der Ägäis aus, nahmen mit, was sie konnten, und verbreiteten ihre Kultur, ihre Güter, ihre Sprache und auch jede Menge Tod. Dennoch waren sie nicht nur Rohlinge, sondern nutzten ihren Schiffbau auch dazu, ihre Wirtschaft durch den Handel mit Nachbarn wie Ägypten und Assyrien zu stützen. Sprachanalysen, archäologische Funde und genetische Studien deuten darauf hin, dass die Achäer selbst wahrscheinlich Nachkommen von einheimischen Griechen, Minoern aus Kreta und einem oder mehreren indogermanischen Stämmen waren, die das Gebiet nach ihrer Wanderung durch den Kaukasus besiedelt hatten.

Agamemnon und Menelaos

Wie ihre trojanischen Rivalen waren auch die mächtige achäischen Stadtstaaten durch Mauern geschützt, da sie oft miteinander im Kampf lagen. Die griechische Gewohnheit, Zitadellen auf einem Hügel zu errichten, der Akropolis genannt wurde, kann auf diese Zeit zurückgeführt werden.

Bild einer Akropolis.
Bilipados, CC BY-SA 4.0 <https://creativecommons.org/licenses/by-sa/4.0>, via Wikimedia Commons https://commons.wikimedia.org/wiki/File:Acropolis_of_Athens_28Mar2020.jpg

Der größte dieser Stadtstaaten war Mykene im Norden der Peloponnes nahe dem heutigen Mykene. Auf ihrem Höhepunkt um 1350 v.u.Z. hatte es etwa 30.000 Einwohner und war fast dreimal so groß wie seine engsten griechischen Rivalen und ehemaligen Verbündeten. Vor dem Trojanischen Krieg war König Atreus Herrscher von Mykene. Er und seine Frau Aerope hatten zwei Söhne, Agamemnon und Menelaos.

Agamemnon war der Thronfolger, doch die Familie geriet ins Chaos, als Atreus herausfand, dass Aerope Ehebruch mit seinem Bruder Thyestes begangen hatte. Wütend tötete Atreus nicht nur die Söhne des Thyestes, sondern zwang ihn, sie zu essen. Später zeugte Thyestes durch Inzest mit seiner Tochter Pelopeia einen Sohn namens Aigisthos. Aigisthos wuchs heran und nahm Rache für seinen Vater, indem er Atreus ermordete und Thyestes auf den Thron von Mykene setzte.

Da Agamemnon der Thron entrissen worden war, ergriff er mit Menelaos die Flucht. Sie fanden Zuflucht bei König Tyndareos in Sparta, der die beiden trotz des familiären Wahnsinns als unschuldig ansah. Dort trafen sie Tyndareos' Tochter Helena. Die Nachricht von Helenas Schönheit hatte sich bereits in allen Königreichen verbreitet, und mächtige Freier kamen aus ganz Griechenland mit üppigen Geschenken, um gegeneinander um ihre Hand zu wetteifern. Als Frau ihrer Zeit, ihrer Gegend und ihrer gesellschaftlichen Stellung hatte Helena keine Wahl, was die Heirat betraf. Diese Aufgabe fiel ihrem

Vater zu, der fürchtete, die Heirat würde einen Krieg auslösen.
Odysseus (einer der Freier) unterbreitete dem König eine kluge Idee: alle Freier sollten sich verpflichten, vor der Entscheidung einen Eid zu schwören, die endgültige Wahl anzuerkennen. Jeder stimmte zu, da dies die Unterstützung des Volkes für den ausgewählten Bräutigam sicherstellte. Tyndareos wählte Menelaos und alle Freier verließen Sparta friedlich, mit Ausnahme von Odysseus. Dieser hatte seinen Ratschlag nicht umsonst erteilt. Im Gegenzug bat er Tyndareos um Unterstützung bei der Werbung um Helenas Cousine Penelope, in die er sich während seines Besuchs verliebt hatte.

Auch Agamemnon heiratete eine Tochter von Tyndareos namens Klytämnestra, aber es war Menelaos, der nach dem Tod des Königs wegen seiner Ehe mit Helena den Thron bestieg, da er der Ältere von ihnen beiden war. Der Ehrgeiz hatte Agamemnon veranlasst, nach Helenas Hand zu streben, aber er war nun durch seinen Eid verpflichtet, sowohl die Heirat seines Bruders als auch dessen Thronanspruch anzuerkennen. Er überzeugte Menelaos, ihm zu helfen, Mykene von Thyestes zurückzuerobern. Sie marschierten nach Norden, überraschten ihren Onkel und jagten ihn und seinen Sohn aus der Stadt und setzten Agamemnon als den mächtigsten Mann im achäischen Griechenland als Herrscher ein.

Die achäischen Helden des Trojanischen Krieges

Agamemnon, Menelaos und Odysseus nahmen alle am Trojanischen Krieg teil und führten ihre Königreiche in die Schlacht. Nachdem Odysseus mit Penelope Sparta verlassen hatte, übernahm er bald den Thron seines Vaters und wurde König von Ithaka. Seine Absicht, Tyndareos' Unterstützung für die Heirat mit Penelope zu gewinnen, war kein Zufall. Odysseus gilt als einer der klügsten Protagonisten der griechischen Geschichte und Mythologie. Diese Eigenschaft steht in krassem Gegensatz zu dem achäischen Krieger Achilles, der frech, hitzköpfig und auf seine weltberühmten Fähigkeiten im Kampf angewiesen war, um Streitigkeiten beizulegen.

Odysseus und Nestor (der König von Pylos) waren in erster Linie für die Rekrutierung und Vereinigung der achäischen Königreiche gegen Troja verantwortlich, um den Krieg zu beginnen. Wie bei Priamos wurden alle Brüder Nestors von Herakles, einem griechischen Halbgott, getötet. Zur Zeit des Trojanischen Krieges war Nestor ein etwa 70 Jahre alter Mann mit einer Vorliebe, andere durch Geschichten aus seiner heroischen Jugend zu inspirieren.

Eine Person, die sehr wenig Überzeugungsarbeit erforderte, war Diomedes, König von Argos. Der Legende nach war er der Sohn des Ares und ein Liebling der Athene, weil die Kriegergöttin seine Geschicklichkeit im Kampf schätzte. Er galt in dieser Hinsicht unter den achäischen Streitkräften als der Zweite nach Achilles und hatte in seinen jungen Jahren mehr Kämpfe gesehen als selbst der betagte Nestor. Von allen achäischen Helden wurden nur er und Odysseus in der *Ilias* für ihre List und Strategie gelobt, was ihn zum „Komplettpaket" machte. Diomedes wurde später König von Argos und gründete mehrere Städte in Italien, wo er nach seinem Tod als Gott verehrt und angebetet wurde.

Ein weiterer Halbgott der Achäer war Ajax der Große, Sohn des Königs Telamon von Salamis. Homer und andere stellen Ajax den Großen als eine mutige und überragende Figur der Griechen dar. Er kämpfte zweimal gegen Hektor, beide Kämpfe endeten in einem Unentschieden, was zu wachsendem Respekt zwischen den gegnerischen Helden führte. Es gab noch einen weiteren Ajax in den Reihen der Achäer, genannt Ajax der Kleine (oder manchmal Ajax der Lokrer), um die beiden besser voneinander zu unterscheiden. Keiner von ihnen war König, aber sie führten ihre Streitkräfte bei der Belagerung von Troja von Salamis bzw. Lokris aus.

Das Kommando über die kretischen Armeen (deren Bogenschützen zu den besten leichtbewaffneten Truppen der Antike zählten) führte König Idomeneus, ein Enkel von König Minos (der mit dem Minotaurus). Im Laufe des Krieges wurde er einer der vertrauenswürdigsten Berater Agamemnons und gehörte zu den achäischen Kriegern, die sich im Rahmen des von Odysseus entworfenen Plans in Trojas Mauern versteckten. Ein anderer Krieger im Trojanischen Pferd war der Athener König Menestheus. Wie Diomedes verstand er die Rolle der Taktik im Krieg, wurde aber oft dafür kritisiert, weniger tapfer und geschickt zu sein, wenn es um seinen eigenen Kampf ging.

Fast alle dieser achäischen Helden gehörten zu den Freiern von Helena von Sparta und waren an den Eid gebunden, Menelaos zu unterstützen. Odysseus' Trick mag eine friedliche Lösung des Wettstreits um Helena ermöglicht haben, aber als der junge Prinz von Troja mit der Prinzessin flüchtete, um sie Helena von Troja zu nennen, waren sie alle durch ihre Ehre gebunden.

Während einige Maler annahmen, dass Helena und Paris ineinander verliebt waren, zeigen die meisten die Entführung als gewalttätigen Akt. Dieses Gemälde heißt passenderweise Die Entführung der Helena und wurde von Francesco Primaticcio gemalt.
https://upload.wikimedia.org/wikipedia/commons/1/1a/Francesco_Primaticcio_003.jpg

Kapitel 3: Die Ursachen des Trojanischen Krieges

In diesem Kapitel werden wir über die Ereignisse sprechen, die zum Trojanischen Krieg führten, wie den eigentlichen Zankapfel: das Urteil des Paris und die Entführung Helenas. Die Einzelheiten des Krieges werden hier noch nicht abgehandelt, sondern wir legen lediglich die Grundlagen für ein besseres Verständnis der Ursachen.

Viele glauben, dass der Trojanische Krieg begann, als Paris Helena von Sparta entführte – oder in der romantischen Version: Sie verliebten sich und fliehen zusammen. Die Wahrheit ist mit der Zeit verloren gegangen und beide Versionen der Geschichte haben ihre Vorzüge. So oder so, Menelaos konnte viele seiner Mitkönige und Krieger versammeln, um tausend Schiffe (klingt das vertraut?) über die Ägäis zu schicken und den Krieg vor den Toren Trojas zu führen. Aber wie alle Geschichten der alten Griechen, ist es ein wenig komplizierter.

Die Saat für den Konflikt wurde sowohl durch eine Prophezeiung als auch durch einen Wettbewerb gelegt, wobei beide die Götter und Göttinnen des Olymp miteinbezogen. Die fragliche Prophezeiung erhielten sowohl der Gott Zeus als auch sein Bruder Poseidon, die sich beide in die wunderschöne Seenymphe Thetis verliebt hatte. Ihnen wurde prophezeit, dass Thetis' Sohn aufstehen würde, um seinen Vater durch unerklärliche Kräfte zu vernichten, wenn er von Göttern wie Zeus oder Poseidon gezeugt werden sollte. Das Götterpaar zog sich zurück und Zeus verfügte stattdessen, dass Thetis den älteren König Peleus von

Phthia heiraten musste. Zeus hatte immer befürchtet, eines Tages von seinen Nachkommen entthront zu werden, ähnlich wie er und seine Geschwister rebelliert hatten, um ihre Eltern, die Titanen, zu besiegen. Er fing an, einen einen Krieg zu planen, dessen Ziel es war, die Erde von den vielen Halbgottkindern zu befreien, die sie bevölkerten.

Die Meernymphe Thetis dargestellt auf einem schwarzfigurigen Teller.
https://commons.wikimedia.org/wiki/File:Dish_Thetis_Peleus_Louvre_CA2569.jpg

Das Urteil des Paris

Nach der Hochzeit von Thetis und Peleus veranstaltete Zeus ein großes Fest, ohne jedoch Eris, die Göttin der Zwietracht und des Streites, einzuladen. Um ihre Rache zu säen - und ihrem Namen gerecht zu werden - warf sie einen goldenen Apfel mitten unter die Feiernden, auf dem die Inschrift „Für die Schönste" eingraviert war. Hera, Athene und Aphrodite beanspruchten den goldenen Apfel, der *offensichtlich* jeder von ihnen zustand, und um den Streit beizulegen, sandte Zeus sie zu Paris von Troja, der in dieser Frage der Richter sein sollte.

Der goldene Apfel der Zwietracht *von Jacob Jordaens*.
https://commons.wikimedia.org/wiki/File:Golden_Apple_of_Discord_by_Jacob_Jordaens.jpg

Jede Göttin versuchte, Paris in Übereinstimmung mit ihrer Natur zu bestechen. Hera, die Gattin des Zeus und Königin der Götter, bot Paris immense Macht an und versprach, ihn zum König Europas und Asiens zu machen. Die Göttin der Weisheit und des Krieges, Athene, versprach Paris, große Weisheit und Geschick im Kampf, wenn er sie auswählte. Schließlich prophezeite Aphrodite, die Göttin der Liebe und Schönheit, dass Paris sich, wenn er sie erwählte, in die schönste Frau der Welt verlieben würde.

Paris entschied sich für Aphrodite und tappte damit in die Falle des Zeus, denn Helena von Sparta hatte den Titel inne – aber sie war bereits mit König Menelaos verlobt.

Paris wurde wegen seiner Entscheidungen oft verunglimpft oder als Feigling betrachtet, aber in diesem Wettstreit gab es nichts zu gewinnen. Egal, wen er auswählte, er machte zwei mächtige Göttinnen zu Feinden Trojas, die letztendlich die Griechen im kommenden Krieg unterstützen sollten.

Nachdem ihm Aphrodite das Bildnis von Helena gezeigt hatte, begab sich Paris auf eine diplomatische Mission nach Sparta mit dem Hintergedanken, sie zu entführen. Um ihr Wort zu halten, sandte Aphrodite Eros (in der römischen Mythologie Amor) aus, um kurz vor der Begrüßung von Paris einen verzauberten Pfeil auf Helena abzuschießen. Als sie aufblickte, und ihn sah, verliebte sie sich und stimmte zu, mit ihm in die große Zitadelle von Troja zu fliehen. Andere Versionen behaupten, Helena sei gegen ihren Willen entführt worden. Diese Version war es sicherlich, die Menelaos benutzte, um seine griechischen Landsleute zum Krieg zu überreden.

Die Liebe von Helena und Paris *von Jacques-Louis David.*
https://commons.wikimedia.org/wiki/File:Helene_Paris_David.jpg

Der Weg in den Krieg

Als Paris und Helena in Troja ankamen, war die königliche Familie wütend – besonders Priamos und Hektor, die begriffen, dass die Griechen dies nicht einfach ungestraft lassen würden und dass ein Krieg mit Griechenland wahrscheinlich unvermeidlich war. Menelaos und Odysseus reisten nach Troja, um über Helenas Freilassung zu verhandeln, aber Paris (und möglicherweise Helena) wollte einer Rückkehr nicht zustimmen. Aufgrund ihrer eigenen Pflicht gegenüber ihrem Sohn und Bruder stimmten König Priamos und Prinz Hektor zu, Helena in ihrer Stadt bleiben zu lassen und die griechischen

Abgesandten abzuweisen.

Das nächste Mal, als sie sie sahen, kamen die Griechen mit einer der größten Armadas, die jemals zusammengestellt worden waren. Nachdem er Hera abgelehnt hatte, sollten Paris und die Trojaner keinen dauerhaften Wohlstand erleben und auch nicht die Herren von Europa und Asien werden. Und nachdem er Athene den Apfel verweigert hatte, waren es die Griechen, die sich der kühnen Strategien des Odysseus rühmten – und die mit Achilles den größten Krieger in ihren Reihen hatten. Eine Zeitlang hatte Paris immerhin Helena von Troja.

Um die Ursachen des Trojanischen Krieges besser zu verstehen, ist es nötig, einen Schritt von den Mythen zurückzutreten und sich die ägäische Welt in der späten Bronzezeit anzusehen. Während Troja ein Rivale der Griechen war, waren die Hethiter in Anatolien wahrscheinlich ein Feind der Griechen. Trojas Festung schützte den Wohlstand der Hethiter, ein Volk, das unabhängig blieb, aber in ständiger Gefahr schwebte, von seinen beiden Nachbarmächten verschluckt zu werden.

Da die Hethiter in Homers Bericht über den Krieg in der *Ilias* leider nicht vorkommen, wird angenommen, dass Homer vielleicht einen unbekannten Namen benutzte, um sie bei der Aufzählung der trojanischen Verbündeten zu nennen. Angesichts der Macht und des Einflusses der bronzezeitlichen Hethiter in Anatolien wäre dies sinnvoller, als sie ganz außen vor zu lassen. Solange Troja neutral blieb, waren sie sicher. Entweder aufgrund von Fehlkalkulationen, fehlgeleiteten Strategien oder persönlichem Groll scheinen sich die Trojaner von den Griechen abgewendet zu haben, die ihrerseits vielleicht *ein nicht existierendes Troja* einem feindlichen Troja vorzogen.

Kapitel 4: Die Sammlung der achäischen Truppen

Da Helena nicht auf diplomatischen Wege zurückgeholt werden konnte, begann Menelaos, andere für seine Sache zu rekrutieren. Sein erster Anlaufpunkt war Mykene und sein Bruder Agamemnon, der bereit war, sich Menelaos anzuschließen - allerdings nur, wenn er der Oberbefehlshaber aller griechischen Truppen auf dem Feldzug würde. Menelaos wusste, dass er die Macht seines Bruders brauchte, und stimmte zu. Doch allein würden ihre beiden Königreiche nicht ausreichen.

Aber noch bevor die Griechen Aulis in Richtung Troja verlassen konnten, wurde die Stadt von einer Pest heimgesucht und die Flotte musste wegen des ausbleibenden Windes im Hafen bleiben. Der Sage nach verlangte Artemis (die Göttin der Jagd) ein Opfer: Agamemnons Tochter, Iphigenie, sollte geopfert werden. Agamemnon war aufs höchste bestürzt, vollbrachte die Tat aber dennoch, bevor er nach Troja segelte und eine wütende Frau und Familie zurückließ. Das war nur eine von mehreren Torheiten, die noch vor Beginn der Schlacht auf die Griechen warteten!

Odysseus täuscht vor, verrückt zu sein

Sie brauchten eine List, also schickten sie nach Odysseus, der jetzt König von Ithaka war. Odysseus hatte gehört, dass Agamemnon eine Streitmacht zusammenstellte, um Troja einzunehmen und Helena für seinen Bruder zurückzuholen. Odysseus wollte aber weder einen

Konflikt mit Troja noch Agamemnon zum Feind. Also verließ er sich wieder auf seinen Scharfsinn, und fing an, Wahnsinn vorzutäuschen.

Der Eid, den Sieger des Wettstreits um Helens Hand zu ehren, war nur einer seiner Tricks und Odysseus fühlte sich keineswegs daran gebunden. Als Agamemnons Abgesandter Palamedes eintraf, traf er Odysseus als Bauer gekleidet an, der Salz auf seine Ernte streute und Absurditäten murmelte. Unbeeindruckt von dieser – zugegebenerweise nicht allerbesten– List stellte Palamedes Telemachos, den Sohn des Königs von Ithaka, vor Odysseus' Pflug, was Odysseus dazu brachte, auszuweichen und so seine Täuschung aufzugeben. Odysseus, der sich also als geistig gesund erwies, da er Telemachos rettete, musste nun für Agamemnon kämpfen oder Vergeltung riskieren. Odysseus wurde zusammen mit Nestor beauftragt, die achäischen Königreiche auf ihrer Seite zu versammeln und sie an den Eid zu erinnern, den sie Menelaos bei seiner Verlobung mit Helena geschworen hatten. Diomedes, Ajax der Große, Ajax der Kleine, Idomeneus und Menestheus schlossen sich der Sache an, aber sie brauchten noch den größten Krieger von allen: Achilles.

Achilles und die Prophezeiung

Viele Jahre waren nun seit der Hochzeit von Thetis und Peleus vergangen und sie gebar einen Sohn, den sie Achilles nannten. Obwohl Zeus Thetis gezwungen hatte, Peleus zu heiraten, wollte sie keinen sterblichen Sohn. Heimlich besuchte sie den Fluss Styx an der Grenze des Hades, und tauchte dort ihren kleinen Sohn ins Wasser, indem sie ihn kopfüber an der Ferse festhielt. Der Fluss machte Achilles überall, wo er seine Haut berührte, unverwundbar und hinterließ nur einen Schwachpunkt: die Ferse, an der ihn seine Mutter festgehalten hatte. Einige Versionen dieses Mythos zeigen, dass Peleus mit einer solchen Behandlung seines Sohnes nicht einverstanden war, was zum Tod vieler seiner angeblichen älteren Geschwister führte.

Wie viele Charaktere im Trojanischen Krieg war auch Thetis durch eine Prophezeiung zu solch gefährlichen Taten motiviert worden, die Folgendes besagte: dass ihr Sohn für immer als der größte Krieger der Welt in Erinnerung bleiben würde, er aber als junger Mann sterben würde. Trotz seiner scheinbaren Unverwundbarkeit versuchte Thetis, Achilles vor Agamemnons Gesandten zu verstecken. Als man ihn dennoch fand, offenbarte sie Achilles die Warnung des Orakels. Nun war es an Achilles zu entscheiden, ob er lange leben und vergessen werden würde - oder jung sterben und der Welt in Erinnerung bleiben würde. Aus Überheblichkeit, dass er ein solches Schicksal vermeiden oder seine heldenhafte Natur akzeptieren konnte, stimmte er zu, mit Agamemnon und den Griechen in See zu stechen und seine gefürchtete Armee von Myrmidonen gegen die Trojaner zu führen.

Ein schlechter Beginn

Mehrere Jahre waren vergangen, um die verstreuten und für ihre wenig kooperative Art berüchtigten griechischen Königreiche aufzurütteln, aber die erfolgreiche Rekrutierungskampagne führte zu einem Bündnis von über hunderttausend achäischen Soldaten. Diese riesige Armee benötigte über tausend Schiffe, um sie über das Meer nach Anatolien und an die Strände von Troja zu bringen. Sie stimmten zu, sich in Aulis zu versammeln, wo eine Reihe von Torheiten begann.

Während ihres Opfers an die Götter, das diese auf ihre Seite ziehen sollte, schlüpfte zuerst eine Schlange unter dem Altar hervor, kletterte auf einen Baum, fraß acht Sperlingsküken und deren Mutter - und verwandelte sich schließlich in Stein. Ein Seher namens Kalchas war anwesend, der das seltsame Omen so deutete, dass der Krieg der Achäer neun Jahre dauern würde, bevor sie die Trojaner im zehnten Jahr besiegen würden. Die Soldaten nahmen dieses Omen mit gemischten Gefühlen auf. Ja, der Krieg würde mit einem Sieg für sie enden, aber er würde ein anstrengendes Jahrzehnt dauern. Sie segelten mit hoffnungsvollen, aber beunruhigten Gemütern nach Troja und landeten in Anatolien, um die Hölle an den Ufern der großen Stadt zu entfesseln.

Die letzte Torheit ereignete sich, als Agamemnon, der in Aulis wartete, um nach Troja zu segeln, eine Jagdgesellschaft anführte, auf der er nicht nur damit prahlte, ein ebenso großer Jäger wie die Göttin Artemis zu sein, sondern auch unwissentlich einen ihrer heiligen Hirsche tötete. Wütend und voller Rachegelüste hielt Artemis alle Winde in Aulis an, so dass die Achäer nicht nach Troja aufbrechen konnten. Der Seher Kalchas sagte, Artemis würde den Wind erst wieder wehen lassen, wenn im Gegenzug ein Blutopfer in Gestalt von Agamemnons ältester Tochter Iphigenie dargebracht werde. Menelaos überredete ihn, nach ihr zu schicken und ihr zu sagen, dass sie mit dem großen Achilles vermählt werden solle.

Iphigenie und ihre Mutter, Klytämnestra, trafen ein und erfuhren, dass es eine Falle war, als sie mit Achilles sprachen, der nichts von der Verschwörung wusste. Wütend darüber, dass er zu einer Spielfigur gemacht wurde, erzählte Achilles den Truppen, warum die Winde aufgehört hatten und wie Kalchas gesagt hatte, sie würden wieder wehen, nachdem Iphigenie geopfert worden wäre. Agamemnon war kurz davor, seine Meinung zu ändern, aber nun war er zwischen dem Opfer seiner Tochter und der Ermordung seiner ganzen Familie durch die ruhelosen Soldaten gefangen, die drohten, sich gegen ihn zu wenden, falls er Artemis nicht beschwichtigte.

Jetzt erklärte sich Iphigenie freiwillig für das Opfer bereit, da sie wusste, dass sie so oder so sterben würde und eine Chance sah, ihre Mutter und ihren Vater zu retten. Wegen ihres Heldentums hatte Artemis Mitleid mit Iphigenie und verschonte sie, obwohl ihre Eltern erst später von ihrem Überleben erfuhren. Als Artemis zufrieden gestellt war, kehrten die Winde zurück, und die Achäer stachen erneut in See.

Die Opferung Iphigenies *von François Perrier*.
https://commons.wikimedia.org/wiki/File:The_Sacrifice_of_Iphigenia.jpg

Sie landeten an einem weiteren Ort - immer noch nicht Troja - und blieben lange genug, dass Achilles einen Sohn des Apollo töten konnte. Außerdem hatte einer der achäischen Krieger mit einer geheimnisvollen, eiternden Wunde zu kämpfen, die nicht heilen wollte.

Die Insel, an der sie Halt machten, wurde Tenedos genannt, und sie wollten dort ihre Vorräte auffüllen, bevor sie in Troja ankamen und den Krieg begannen. Der Hauptgott der Insel war Apollo und König Tennes war sein Sohn. Achilles begehrte Tennes' Schwester Hemithea, die seinen Annäherungsversuchen entkam, aber ihre Qual erzürnte den König, der bereit war, die Waffen gegen den großen Krieger zu ergreifen. Thetis erschien und warnte Achilles davor, Tennes zu verletzen, da es Apollo verärgern würde.

Achilles gab jedoch nicht nach und der Kampf endete damit, dass Achilles sein Schwert durch die Brust des Königs stieß. Wie von Thetis vorausgesagt, schwor Apollo Rache und besiegelte damit das Schicksal von Achilles, im Trojanischen Krieg zu sterben. Die Achäer versuchten, ein Opfer zu bringen, um Apollo zu besänftigen, aber wieder glitt eine giftige Schlange vom Altar und biss Philoktetes von Meliboia in den Fuß. Die Wunde heilte nicht und war so heftig, dass seine verwirrten und alarmierten Gefährten ihn auf die nahegelegene Insel Lemnos brachten, wo Philoktetes sich erholen konnte, bis sie zu ihm zurückkamen. Nun voll ausgerüstet – aber mit Apollo als mächtigem Feind – beendeten die Achäer ihre Reise nach Troja.

TEIL ZWEI:
DER TROJANISCHE KRIEG

Kapitel 5: Der Krieg beginnt

Einer der Gründe, warum die Achäer rasch ankommen wollten, aber ihre Ankunft auch verzögerten, war eine weitere Prophezeiung von Kalchas. Diese besagte, dass der Erste, der trojanischen Boden betreten würde, auch der Erste sein würde, der sterben müsste. Odysseus wies die Vorhersage öffentlich zurück, blieb selbst aber vorsichtig. Da er pragmatisch war und wusste, dass jemand den Anfang machen musste, damit sie nicht auf ihren Schiffen verrotteten, sprang er aus dem Boot, landete aber heimlich auf seinem Schild statt auf trojanischen Boden und löste damit die Kaskade achäischer Soldaten an den Strand aus.

Der Erste, der auf festem Boden landete, war Protesilaos, der prompt von keinem Geringeren als Prinz Hektor getötet wurde - der einen Angriff außerhalb der Mauern Trojas anführte, um die Achäer zu begrüßen, während sie verwundbar waren und ihr Lager noch nicht befestigt hatten. Die Schlacht endete mit der Erschöpfung der Achäer und der Rückkehr der Trojaner in die Sicherheit ihrer Mauern. Die Griechen hatten den Brückenkopf unter hohen Kosten gewonnen, obwohl auch die Trojaner Verluste hatten. Achilles hatte gegen den berühmten und gefürchteten Cyknus, einen Sohn des Poseidon, der Troja verteidigte, gekämpft und ihn getötet.

Ein griechischer Gesandter

Nachdem sich der Staub gelegt und die achäische Armee sich im trojanischen Gebiet festgesetzt hatte, verlangte die Tradition einen letzten Versuch, den Krieg zu verhindern. König Menelaos und König Odysseus wurden als griechische Gesandte ausgewählt, um die Rückkehr von Helena und die Wiederherstellung des Friedens zwischen den Königreichen zu verhandeln. Sie wurden in das Haus von Antenor, einem trojanischen Adligen mit vielen griechischen Familien- und Geschäftsverbindungen gebracht. Menelaos sollte seine Ehre wiedererlangen. Odysseus hatte vor seiner Rekrutierung lediglich versucht, einen des Krieges zu vermeiden. Antenor schenkte den beiden Achäern ein offenes Ohr, von denen jeder gerne mit Helena zurückgekehrt wäre.

Aber der Frieden stand nicht wirklich zur Debatte, denn König Priamos war in seiner Position gefangen. Er hatte bereits Helena (und den Schatz, den sie mitgebracht hatte) in seiner Stadt willkommen geheißen, und sie zurückzubringen, nachdem eine Armee aufgetaucht war, hätte bedeutet, dass er einen Irrtum eingestehen musste. Er befand sich in der Zwickmühle, entweder sein Fehlverhalten einzugestehen oder sich als feige zu erweisen oder vielleicht sogar beides. Die Zeit, Helena nach Sparta zurückzuschicken, war längst vorbei, und das Treffen war eine reine Formalität.

Darüber hinaus wussten Menelaos und Odysseus vielleicht nicht, wie nahe sie dem Tod gekommen waren. Ein Trojaner namens Antimachos setzte sich für die Ermordung der Könige ein, nicht nur als Vergeltung für ihre Invasion und das Blutvergießen, sondern um den Achäern zwei ihrer wichtigsten Führer zu rauben. Menelaos war der symbolische Grund für den Krieg zwischen den Trojanern und Odysseus gehörte zu den Hauptstrategen der Achäer. Die Griechen wären über den Mordplan empört gewesen, hätten aber die Logik eines Krieges infrage gestellt, um Helena für einen toten König zurückzuholen. Als Bonus hätten die Trojaner auch den Mann ausgeschaltet, der ihnen mit dem Komplott des Trojanischen Pferdes den Todesstoß versetzen sollte.

Am Ende wurden die beiden Könige aber so friedlich aus der Stadt heraus eskortiert, wie sie hineingekommen waren, und beide Seiten begannen, ihre nächsten Schritte vorzubereiten.

Eine lange Pattsituation

Kalchas sollte bezüglich der Länge des Krieges Recht behalten, denn er zog sich neun lange Jahre hin. Troja wurde nie vollständig von den Achäern belagert, obwohl sie einen Großteil der Ägäis und der Dardanellen kontrollierten. Auch wenn sie den Trojanern zahlenmäßig überlegen waren, fehlten ihnen immer noch Truppen, um die Stadt komplett einzukreisen, ohne ihre Kräfte zu weit auszudehnen und so anfällig für konzentrierte Angriffe zu werden. Infolgedessen hielten die Trojaner die Kommunikation und den Handel mit ihren Verbündeten aufrecht und ersparten sich Hunger und Pest, die oft durch die Einschließung einer Bevölkerung in einer Zitadelle entstanden.

Die Zitadelle durch brutale Gewalt einzunehmen war eine weitere Option für die Achäer, aber es war eine schlechte Wahl. Troja war nicht nur eine Stadt, die von einer großen Mauer umgeben war, sondern auch ein Musterbeispiel der bronzezeitlichen Militärtechnik. Die Außenmauer war mit einer hölzernen Palisade und einem Graben umgeben, der acht bis zehn Fuß tief in das Felsgestein gegraben worden war, damit wurde die Höhe der Mauer fast verdoppelt, was jeden Versuch einer Untertunnelung vereitelte.

Die Palisade und der Graben hinderten die Gegner auch daran, Belagerungstürme einzusetzen, so dass jeder Versuch, die Mauern zu erklimmen, mit Leitern oder an den Toren – die viel besser verteidigt wurden – gemacht werden musste. Die Zitadelle (Festung) im Inneren, genannt Pergamos, war noch beeindruckender. Ihre dreißig Fuß hohen Wände standen auf einem hundert Fuß hohen Hügel mit Blick auf die umliegenden Ebenen. Die Wände waren sechzehn Fuß dick, spotteten jedem Versuch, sie mit einem Rammbock zum Einsturz zu bringen, und ihre Verteidiger patrouillierten den 1100 Fuß langen Umgang hinter Brüstungen, die die Spitze bekrönten. Jeder Versuch der Achäer, diese Verteidigung zu durchbrechen, wurde mit Schlachtrufen abgewiesen, und danach füllten Leichen die Gräben.

Doch trotz ihres hochgradigen Verteidigungsvorteils waren die Trojaner immer noch zahlenmäßig weit unterlegen und konnten aus ihrer Abwehr des Gegners kein Kapital schlagen. Die Verteidigung der ausgedehnten Festungsanlagen erforderte den größten Teil ihrer Kräfte und nahm zu viele Soldaten in Anspruch, die für eine offene Schlacht damit nicht zur Verfügung standen. Die Trojaner waren immer bedacht, sich von den Griechen nicht aus ihrer defensiven Position herauslocken zu lassen und blieben hinter ihren Mauern.

Priamos' und Hektors Strategie wurde jedoch oft dafür kritisiert, dass sie keine weiteren Hinterhalte und Guerilla-Angriffe gegen die Achäer vorsah. Diese hätten die Zahl der eindringenden Krieger verringert und ihre Moral zerstört, weil sie so weit und so lange von zu Hause entfernt waren. Eine solche Strategie hätte mit Kräften umgesetzt werden können, die klein genug waren, um die Verteidigung nicht zu gefährden, und viele nicht-homerische Quellen sehen das Fehlen solcher Angriffe als Beweis dafür, dass die Trojaner die Griechen fürchteten.

Im Laufe der Zeit gerieten die Streitkräfte in eine Pattsituation, wobei ein Großteil der Kämpfe außerhalb der Zitadelle stattfand, denn Trojas Nachbarn fehlten solche großartigen Mauern. Die Achäer hatten keine nennenswerte Versorgungslinie und so eroberten sie nahe gelegene Städte und Orte und wurden Kriegsherren auf dem Land, um Landwirtschaft zu betreiben und sich selbst zu ernähren zu können. Es überrascht nicht, dass Achilles und Ajax der Große die beiden aktivsten Führer der Achäer bei ihren Überfällen waren. Achilles und seine Myrmidonen (Söldner) besetzten elf anatolische Städte und zwölf nahegelegene Inseln.

Odysseus seinerseits beschäftigte sich mit seiner Rache an Palamedes, dem Mann, der ihn für den Krieg angeworben hatte, seine List durchschaut und seinen kleinen Sohn gefährdet hatte. Entmutigt durch die Länge des Krieges, begann Palamedes, die Führer zu ermutigen, aufzugeben und nach Hause zu gehen. Diese Ironie war zu viel für Odysseus, der ohne Palamedes' Beharren nicht einmal dabei gewesen wäre. Er nutzte die Gelegenheit, Palamedes einen Verrat anzuhängen, indem er eine hohe Geldsumme in Palamedes' Zelt schmuggelte und einen Brief von König Priamos fälschte, der zusammen mit dem Bestechungsgeld entdeckt werden sollte. Odysseus behauptete, dass Palamedes für Priamos arbeite, indem er zum Rückzug aufrief, was zu einem Todesurteil durch Steinigung führte – eine Bestrafung, an deren Vollziehung Odysseus selbst teilnahm. Bei all seiner Klugheit war sein Stolz vielleicht noch größer. Hätte er sich nur auf die Seite Palamedes gestellt, wäre er vielleicht nach Ithaka, zu Penelope und ihrem Sohn zurückgekehrt. Aber er konnte die Kapitulation nicht ertragen, und er konnte Palamedes' Vergehen nicht vergeben. Außerdem nahte das zehnte Kriegsjahr, und das Orakel Kalchas hatte sich noch nie geirrt.

Kapitel 6: Die *Ilias*

Die *Ilias* ist die „Geschichte von Ilion". „Ilion", war der griechische Name für Troja. Die Ereignisse von Homers *Ilias* finden alle gegen Ende des Krieges statt und drehen sich um die Wut des Achilles.

Wie Sie sehen werden, ist Rache der Kern der Geschichte. Achilles will sich an Agamemnon für die Entführung des Brises und für den Tod seines besten Freundes, Patroklos, rächen. Heute glauben viele, dass diese beiden ein Liebespaar waren, obwohl die Illias dies nicht ausdrücklich sagt. Dieses Thema durchzieht Homers *Ilias* – und viele andere altgriechische Gedichte und Geschichten.

Vergebung ist ein weiteres Thema, denn Achilles' Rache bringt ihm keinen Frieden. Selbst den Göttern Opfer zu bringen (oder Hektors Leiche hinter seinem Wagen herzuschleppen), lindert seinen Schmerz nicht. Erst indem er König Priamos zwölf Tage Frieden schenkt – damit der König den Tod seines Sohnes betrauern kann – findet Achilles endlich ein gewisses Maß an Frieden. Nach all den Kämpfen und dem Tod ist Vergebung der Schlüssel zur Heilung seiner Seele.

Abgesehen von den Lektionen der Vergebung kann die *Ilias* aufgrund ihrer Perspektive auf die Schlachten und den unnötigen Tod als erste Anti-Kriegs-Propaganda der Geschichte betrachtet werden. Darin kann man oft über die Schrecken des Krieges und die Tragödie des Trojanischen Krieges lesen, so z. B.:

„Denn er [Achilles] stand auf dem Hinterverdeck des gewaltigen Meerschiffs, Schauend die Kriegsarbeit, und die tränenwerte Verfolgung." *(Homer 11. Gesang, Zeile 600-601)*

„Weh mir, o Tochter Zeus' des Donnerers, wollen wir noch nicht retten das sterbende Volk der Danaer, auch nur zuletzt noch?" *(Homer 8. Gesang, Zeilen 352-353)*

„jene {die Trojaner] nun schweigend legten gehäuft auf die Scheiter die Leichname, trauriges Herzens, ... Also auch dort entgegen die hellumschienten Achaier legten gehäuft auf die Scheiter die Leichname, trauriges Herzens," *(Homer 7. Gesang 7, Zeilen 427-431)*

(alle Zitate nach http://freilesen.de/werk_Homer,Ilias,369,12.html)

Abgesehen von den Lehren des Krieges hat Homers Buch viel an historischer Bedeutung gewonnen – so sehr, dass Alexander der Große jede Nacht mit einem Exemplar der *Ilias* schlief! Als eines der ältesten Werke der Literatur wird dieses Buch auch heute noch in Klassenzimmern auf der ganzen Welt gelehrt. Tauchen wir hinein.

Die Geschichte setzt ein, nachdem Achilles und Agamemnon ein nahe gelegenes Dorf überfallen und zwei Frauen gefangen genommen haben. Agamemnon beansprucht Chryseis, und Achilles nimmt ihre Schwester Brises. Der Vater der Frauen, ein Mann namens Chryses (der als Priester des Gottes Apollo diente), findet Agamemnon und bittet ihn, seine Töchter zurückzugeben. Er bietet an, jegliches Lösegeld zu zahlen, doch Agamemnon lehnt ab.

Chryses tut, was die meisten Menschen in dieser Zeit tun, er sucht die Hilfe eines Gottes. Er betet zu Apollo, der eine Pest über die Achäer bringt, die außerhalb von Troja lagern. Nach zehn Tagen, in denen er seine griechischen Landsleute tot umfallen sieht, ruft Achilles Kalchas auf, seine Macht der Prophezeiung zu nutzen, um herauszufinden, was vor sich geht. Kalchas enthüllt, dass die Pest Teil der Rache Apollos ist. Wie Sie sich erinnern werden, befand sich Agamemnon bereits mehr als einmal auf der falschen Seite von Apollo.

Agamemnon erklärt sich bereit, Chryseis zurückzugeben, aber nur, wenn Achilles ihm Brises als Entschädigung gebe. Als Anführer der Achäer glaubt Agamemnon, dass ihm der größte Preis zustehe – und dass er in der Lage sein sollte, seine Gegner zu überlisten.

Achilles, stolz wie immer, wird wütend und droht, Troja zu verlassen und nach Phthia zurückzukehren, sollte Agamemnon weiter darauf bestehen. Als Agamemnon droht, in Achilles' Zelt einzudringen, um sich Brises zu nehmen, bedarf es der Einmischung von Athene, um Achilles daran zu hindern, sein Schwert gegen den griechischen Feldherrn zu ziehen. Stattdessen gibt Achilles nach und überlässt dem König von Mykene, was er will.

Nach seiner Rückkehr in sein Zelt betet Achilles zu seiner Mutter Thetis, und bittet sie darum, Agamemnon und den Rest der Achäer zu bestrafen, weil sie ihn nicht unterstützen. Thetis willigt ein, die Angelegenheit vor Zeus zu bringen, der ihr einen Gefallen schuldet. Zuerst zögert Zeus zu helfen, da seine Frau Hera die Griechen bevorzugt. Aber als er die Möglichkeit sieht, die Zahl der Halbgötter, die Ansprüche auf seinen Thron erheben, zu reduzieren, stimmt er zu, ihr diese Gunst zu gewähren. Odysseus bringt Chryseis zu ihrem Vater zurück, der Apollo bittet, den Fluch der Pest, die sich unter den Achäern ausbreitet, aufzuheben. Doch für viele von ihnen fangen die Schwierigkeiten gerade erst an.

In einem kühnen, aber etwas uncharakteristischen Schritt fordert Paris jeden Achäer zum Einzelkampf heraus und ist bestürzt, als Menelaos vortritt. Paris verliert die Nerven und versucht, sich durch die Reihen der Trojaner zurückzuziehen. Die Situation ist etwas überraschend, da unklar ist, wen Paris als Gegner auf diese Herausforderung erwartet hat, und Menelaos ist bei weitem nicht der geschickteste Krieger, den die Achäer anzubieten haben. Hektor verhindert den feigen Rückzug seines Bruders und überredet Paris stattdessen, zum Duell mit Menelaos, dem spartanischen König, anzutreten. Paris findet seinen Mut wieder und erklärt, der Sieger werde Helenas rechtmäßiger Ehemann sein, ein Ergebnis, das den Krieg beenden würde.

Als Paris und Menelaos sich auf den Kampf vorbereiten, ahnt Helena in der Stadt nichts von dieser Entwicklung. Laut der Geschichte verkleidet sich Iris (die Botin der Götter) als Hektors Schwester und gibt Helena einen Hinweis auf den Kampf und schickt sie zu den Stadttoren, um ihn zu beobachten. Es sollte nicht das erste - oder letzte - Mal sein, dass Götter in diesen Krieg eingriffen.

Das Duell beginnt mit Speeren und geht dann mit Schwertern weiter. Menelaos gewinnt die Oberhand, als er Paris mit seinem Schwert über den Kopf schlägt und ihn an seinem Helm herumzieht. Aphrodite (die Göttin der Liebe, der Schönheit, des Vergnügens, der Leidenschaft und der Fortpflanzung), die immer noch wegen des Urteils des Paris auf der Seite der Trojaner steht, löst den Helmgurt, damit Paris sich aus dem Griff des Spartaners befreien kann. Diese Einmischung verschafft Paris nur einen kurzen Moment. Als sich Menelaos zu einem tödlichen Speerwurf auf die Brust seines Gegners anschickt, greift Aphrodite erneut ein und befördert Paris augenblicklich zurück in sein Zimmer im Palast.

Dort findet Helena ihn, schimpft mit ihm und legt sich dann zu ihm.

Außerhalb der Tore herrscht große Verwirrung, denn der Prinz von Troja war auf magische Weise verschwunden, anstatt von der Lanze durchbohrt zu werden! Agamemnon erklärt Menelaos zum Sieger und verlangt die Rückkehr von Helena. Natürlich weigern sich Paris und Helena, und die Trojaner unterstützten sie.

Da die Hoffnung, den Krieg mit einem Einzelkampf zu beenden damit vorbei ist, geht der Krieg weiter. Diomedes und der trojanische Held Pandaros treffen auf dem Schlachtfeld aufeinander und Diomedes wird schwer verwundet. Diomedes ist einer der Lieblingskrieger der Göttin Athene, also heilt sie ihn und gibt ihm göttliche Kraft. Sie verleiht ihm auch die Macht, die Götter und Göttinnen auf dem Schlachtfeld zu sehen, deren Taten ihm und den anderen Soldaten verborgen bleiben. Sie sagt ihm, er solle keinen der Götter außer Aphrodite herausfordern oder verletzen.

Mit seinen neuen Fähigkeiten findet er Pandaros auf dem Schlachtfeld wieder und spießt ihn brutal mit seinem Speer auf. Er verwundet auch Aeneas schwer und schneidet seiner Mutter Aphrodite ins Handgelenk, als sie ihm helfen will. Während dies noch im Rahmen von Athenes Weisung ist, übertritt er ihre Warnung, als er Apollo angreift, der Aeneas zu Hilfe kommt.

Mit Leichtigkeit stößt Apollo Diomedes zur Seite und entfernt Aeneas vom Schlachtfeld, damit er geheilt werden kann. Um Diomedes zu bestrafen, lässt Apollo ein Bildnis von Aeneas' Leichnam auf dem Boden liegen, um den Zorn der Trojaner zu erregen – und bringt Ares (den griechischen Kriegsgott) zum Kampf an ihre Seite.

Das Eingreifen der Götter führt dazu, dass die Trojaner die Oberhand erlangen und Hektor und Ares ein starkes Tandem bildeten. Hera und Athene fürchten, dass sich das Blatt gegen sie wenden könnte, und überzeugen Zeus, ihnen zu erlauben, den Achäern zu helfen. Zeus, der immer auf beiden Seiten spielt, stimmt zu.

Athene sagt Diomedes, er könne jetzt gegen jeden kämpfen, der ihm beliebt, und es gelingt ihm, Ares durch einen Angriff mit seinem Kampfwagen zu verwunden und ihn zurück zum Olymp zu schicken. Athene und Hera entscheiden, dass sie sich zurückziehen können, nachdem Ares vom Schlachtfeld entfernt worden ist, da die Achäer die überlegene Streitmacht sind, *wenn keine Götter mitmischen*.

Um die erbitterte Schlacht des Tages zu beenden und einen weiteren Vorstoß der Griechen zu verhindern, tritt Hektor hervor, um jeden Achäer zum Einzelkampf herauszufordern. Menelaos tritt wieder als Erster hervor, aber Agamemnon überzeugt ihn, dass er mit dem letzten Prinzen zwar leichtes Spiel gehabt habe, diesem aber nicht gewachsen sei. Neun weitere Achäer melden sich freiwillig und beginnen zu losen. Ajax der Große wird als achäischer Champion ausgewählt. Ajax ähnelte Beschreibungen zufolge eher einer Mauer als einem Menschen, und Hektor weiß sofort, dass er in diesem Kampf sein Bestes tun muss. Nach einem Kampf mit Speeren und Lanzen ohne erkennbaren Sieger sind sie im Begriff, die Schwerter zu ziehen, als Zeus eingreift, um den Kampf wegen Einbruchs der Dunkelheit abzubrechen.

Es wird ein Freundschaftspakt zwischen den Kriegern geschlossen, und Hektor gelingt es, die griechischen Truppen daran zu hindern, weitere Trojaner zu töten. Dennoch liegen Leichen auf den Schlachtfeldern, und beide Seiten einigen sich auf einen Tag Waffenstillstand, um sich um ihre Toten zu kümmern.

Während des Waffenstillstands verbietet Zeus den Göttern, sich wieder in den Krieg einzumischen, bis er entschieden hat, welche Seite er bevorzugt. Am Berg Ida in Anatolien legt er die Schicksale der Achäer und Trojaner auf seine Waage und stellt sich auf die Seite Trojas, als die griechische Seite sich nach unten neigt.

Mit einem großen Gewittersturm zerschlägt Zeus das Lager der Achäer und alle beginnen, vor Angst zu fliehen. Hektor und die Trojaner nutzen das Chaos, sie spüren einen Wendepunkt und sehen eine Gelegenheit, sich von den Achäern an ihrem Gestade zu befreien. Als Hera und Athene ihnen helfen wollen, warnt Zeus sie erneut, nicht einzugreifen. Man könnte meinen, das wäre das Ende des Kampfes, aber der Stolz steht wieder einmal im Vordergrund. Die Achäer überreden Zeus, ihnen noch eine Chance zu geben, woraufhin er erwidert, das nur

Achilles sie retten könne.

Inzwischen ist die Nacht über den achäischen Rückzug hereingebrochen, und Hektor befiehlt, Lagerfeuer anzuzünden, damit sie nicht im Dunkeln entkommen. Die Achäer sind verzweifelt und Agamemnon weint bei dem Gedanken, in Schande nach Griechenland zurückzukehren. Diomedes erklärt, er werde weiterkämpfen, und wenn er als Einziger übrigbleibe. Die Achäer beginnen, durch eine Prophezeiung von Kalchas erneuten Mut zu fassen, die ihnen den Sieg verkündet.

Nestor empfiehlt Agamemnon, sich mit Achilles zu versöhnen, damit er wieder mit ihnen kämpfe – und Agamemnon stimmt zu. Er schickt Odysseus und Ajax den Großen eine hohe Geldsumme unter der Bedingung, dass sie zurückkehren.

Zurück auf dem Schlachtfeld finden sie Achilles in seinem Zelt, der entspannt mit seinem langjährigen Freund und Stellvertreter Patroklos die Leier spielt. Die beiden sind zusammen aufgewachsen und haben eine so enge Bindung, dass Gelehrte unsicher sind, ob sie nicht auch Liebhaber gewesen sein könnten, was unter achäischen Soldaten durchaus üblich war. Als Achilles das Angebot hört, lehnt er es rundweg ab und wiederholt seine Pläne, nach Phthia zurückzukehren, was die achäischen Streitkräfte erneut in Verzweiflung stürzt.

Hektor und Ajax der Große treffen sich erneut im Kampf, und wieder kämpfen sie bis zum Unentschieden. Die Trojaner drängen sie zurück, bis Hektor – so sagt die Legende – nahe genug ist, um ein Schiff zu berühren. Als Patroklos dies sieht, gibt er nach und sagt Achilles, er werde sich dem Kampf anschließen, um die Schiffe zu retten. Als Achilles sich immer noch weigert, an der Schlacht teilzunehmen, fragt Patroklos, ob er dessen Rüstung tragen dürfe. Achilles willigt ein. Patroklos und die Myrmidonen eilen hinzu, um den Trojanischen Vorstoß zurückzudrängen, und Achilles betet für die Sicherheit der Schiffe und Patroklos Sicherheit. Homer teilt uns mit, dass Zeus nur eines dieser Gebete erhören wird.

Beim Anblick von Achilles' Rüstung ziehen sich die Trojaner (oder diejenigen, die dazu in der Lage waren) sofort von den achäischen Schiffen zurück. Viele sehen ihren Rückzug durch das plötzliche und unerwartete Eintreffen neuer Kämpfer abgeschnitten. Patroklos schickt sie mit großer Entschlossenheit in den Tod, darunter auch Zeus' sterblichen Sohn Sarpedon. Während Zeus den Tod seines Sohnes ohne Einmischung akzeptiert, entscheidet er, dass im Gegenzug Patroklos sterben muss. Als er so viele Trojaner fliehen sieht, bricht Patroklos sein Wort gegenüber Achilles und verfolgt Hektors Truppen.

Vor den Toren der Stadt wendet sich Hektor dem Feind zu, den er immer noch für Achilles hält, und verwickelt ihn in einen Einzelkampf. Während des Kampfes erkennt Hektor, dass sein Feind nicht Achilles ist, und so erschlägt er Patroklos höhnisch mit den Worten:

„*Elender! Achilles, so groß er auch war, konnte Dir nicht helfen.!*

Patroklos letzte Worte an Hektor sagen den bevorstehenden Untergang seines Feindes voraus:

„Du selbst bist keiner, der lange leben wird, aber nun stehen schon der Tod und das mächtige Schicksal an deiner Seite, um durch die Hand des großen Sohns des Peleus', Achilles, zu fallen."

Unmittelbar danach beginnen Trojaner und Griechen, um Achilles' Rüstung zu kämpfen, doch Hektor schnappt sich die Rüstung und bringt sie zurück in die Stadt.

Als Achilles von Patroklos' Tod erfährt, erleidet er einen gewaltigen Zusammenbruch. Seine Leidklagen sind laut genug, dass Thetis sie hört und kommt, um nachzusehen, was ihn quält. Da sie weiß, dass sie ihn nicht mehr von seinem kriegerischen Leben abbringen kann, fleht sie ihn an, einen Tag zu warten, bevor er Rache übe. Dies, so argumentiert sie, gebe Hephaistos (dem griechischen Gott der Schmiede, Metallbearbeitung, Zimmerleute, Handwerker, Handwerker usw.) Zeit, ihm eine neue Rüstung anzufertigen, um die von Hektor eroberte zu ersetzen.

Jede Armee schmiedet neue Pläne und Strategien, da Achilles jetzt in die Schlacht zurückkehrt. Die Trojaner erwägen, sich in die Sicherheit ihrer Mauern zurückzuziehen, aber Hektor weigert sich, da er nichts von dem Boden preisgeben will, den sie in den letzten Wochen gewonnen haben.

Thetis kehrt am nächsten Tag zurück, um Achilles seine neue Rüstung zu geben und verspricht, sich um Patroklos' Leiche zu kümmern. Achilles legt seine neue Rüstung an und begibt sich zur Versammlung der Achäer. Er versöhnt sich formell mit Agamemnon, der sein Versprechen einhält, und ihm Geschenke - und Brises -im Gegenzug für Achilles' erneute Teilnahme an der Schlacht überreicht. Achilles schwört, nichts zu tun, nicht einmal zu essen, bis Hektor durch seine Hand gestorben ist. Achilles brodelnder Zorn ist so groß, dass Zeus befürchtet, er könne die gesamte trojanische Zivilisation vernichten, bevor es an der Zeit ist. Die restlichen Götter wollen sich nicht mehr einmischen, sondern nehmen ihre Plätze ein, um zu sehen, wie es mit den Sterblichen allein ausgehen würde – und mit Achilles in einem weitaus mordlustigeren Gemüt als sonst.

Achilles greift die Trojaner in der Nähe des Flusses Skamandros an und tötet so viele von ihnen, dass der Fluss durch die Leichen aufgestaut wird. Die Flussgötter sind von dem, was geschieht, überwältigt und rufen die Götter des Olymp um Hilfe an. Als er die Bitte hört, wird Achilles vom Fluss angegriffen und flussabwärts gezogen, bis Hephaistos (der Gott der Schmiede) das Wasser so lange zum Überkochen bringt, bis es Achilles freigibt. Während dieses Handgemenges steigern sich die meisten Götter und Göttinnen, die die Geschehnisse beobachten, in eine solche Raserei, dass sie anfangen, sich gegenseitig zu bekämpfen.

In der Zwischenzeit öffnet König Priamos die Tore von Troja, um seinen Soldaten den Rückzug zu ermöglichen und Achilles zu entkommen, dabei ist er kaum in der Lage, sie rechtzeitig vor Achilles wieder zu schließen. Nur Hektor bleibt vor den Toren, beschämt über seine Entscheidung, sich nicht zurückzuziehen – eine Entscheidung, die so viele Trojaner das Leben gekostet hat. Zeus begibt sich wieder auf den Berg Ida, um die Schicksale zu richten, diesmal das von Achilles und Hektor, die sich nun zum ersten Mal im Krieg gegenüberstehen. Als er ihre Zukunft auf die Waage legt, neigt sich Hektors Seite mit einem Knall und besiegelt damit Patroklos' letzte Worte.

Allein und außerhalb der Mauern Trojas kreuzen die beiden großen Krieger erneut die Speere. Achilles kennt Hektors Rüstung und kann rasch eine Schwäche im Nacken ausnutzen, als Hektor ihn angreift. Verletzt strauchelt Hektor und stürzt zu Boden. Er bittet Achilles, ihm ein anständiges Begräbnis zu geben, aber der Achäer ist immer noch auf Rache bedacht und sagt ihm, sein Leichnam sei für die Vögel und Hunde bestimmt, bevor er seinen Speer durch die Brust des trojanischen Prinzen stößt. Priamos, Hekuba und Andromache schauen hilflos zu, als Achilles Hektors Leichnam hinten an seinen Wagen bindet und ihn um die Stadt schleift. Tagelang fährt Achilles mit der Entweihung von Hektors Leichnam fort, während er um Patroklos trauert. Schließlich verlässt König Priamos mit Hilfe des Hermes selbst die Mauern Trojas und schlüpft in das Zelt des Achilles, um ihm ein

Lösegeld für den Leichnam seines Sohnes anzubieten. Er rührt an Achilles' bessere Seite, als er ihn bittet, an die Liebe zwischen Vätern und Söhnen und an die Liebe zu seinem Vater Peleus zu denken. Achilles nimmt das Lösegeld an und Priamos geht, um sich um den Leichnam seines Sohnes zu kümmern.

Ein Fresko zeigt die Szene von Achilles' Triumph. Es wurden von Franz Matsch gemalt.
Franz von Matsch, CC BY 2.0 <https://creativecommons.org/licenses/by/2.0>, via Wikimedia Commons
https://commons.wikimedia.org/wiki/File:Peinture_murale_de_LAchilleion_(Corfou)_(3278859760).jpg

Kapitel 7: Der Tod von Penthesilea, Memnon und Achilles

Während die *Ilias* mit Hektors Beerdigung endet, ging der Trojanische Krieg weiter. Troja hatte seinen einheimischen Helden durch den Tod des Prinzen verloren, war aber dabei, Hilfe von einem beeindruckenden Verbündeten zu erhalten: den Amazonen.

Wer waren die Amazonen?

Nach der griechischen Mythologie waren die Amazonen eine Rasse von Kriegerinnen, die häufig gegen die Griechen gekämpft hatten. Ihr Territorium lag irgendwo am Schwarzen Meer und viele Gelehrte verorten ihr Heimatland weiter nördlich bis zur Ukraine. Eine Königin führte diese Kriegerinnen an, und um ihre Gesellschaft am Leben zu erhalten, suchten sie Gefährten – behielten aber nur die weiblichen Kinder. Die Mädchen wuchsen zu Kämpferinnen heran wie ihre Mütter und die Jungen wurden ausgesetzt, getötet oder aufgegeben, je nachdem, wie die Geschichte erzählt wurde.

Darstellung einer Amazone.
GFDL, CC BY-SA 3.0 <https://creativecommons.org/licenses/by-sa/3.0>, via Wikimedia Commons https://commons.wikimedia.org/wiki/File:Amazzone_ferita_-_Musei_Capitolini.jpg

Der Name „Amazone" weckt heute Assoziationen mit Südamerika, aber die griechischen Wurzeln sind „a-mazos", was „ohne Brust" bedeutet. Das ist eine Legende, die besagte, dass die Kriegerinnen sich die rechte Brust abschnitten, damit sie sie beim Schießen mit dem Bogen oder Werfen des Speers nicht behinderten. Dennoch zeigen künstlerische Darstellungen der Amazonen sie mit beiden Brüsten, was viele zu der Annahme verleitete, dass der griechische Name für sie metaphorisch gemeint sei, da sie in der Vorstellung der Griechen das Leben einer Frau ablehnten und für ein Männerleben eingetauscht hätten, indem sie Kriegerinnen geworden waren. Die abschließende Erklärung ist einfacher: Der griechische Name stammt wahrscheinlich von dem Namen, den sie sich selber gaben und der in einer anderen Sprache wurzelt, die weniger weitläufig verstanden wurde als das Altgriechische und verloren ging.

Archäologische Funde geben einen weiteren Einblick in die Debatte, ob diese Gruppe existierte oder ob sie Ausgeburten der kollektiven griechischen Psyche waren. Mit Hilfe von DNA-Tests an Überresten in skythischen Gräbern entdeckten Archäologen, dass viele der Körper, die einst für Männer gehalten wurden, skythische Frauen waren. Was führte zu diesem Irrtum?

Die Frauen waren mit ihren Waffen begraben worden und zeigten Anzeichen von Wunden und Narben, die denen von Kriegern entsprachen. Mit anderen Worten, Archäologen fanden Leichen, die als Krieger dekoriert waren, und nahmen jahrhundertelang an, dass es sich um Männer handelte. Viele der Gräber waren zwar für Männer, aber das egalitäre Begräbnis zeigt, dass skythische Frauen wahrscheinlich genauso für den Krieg ausgebildet waren.

Außerdem entspricht das skythische Gebiet den Regionen, die von den Griechen als Amazonengebiet bezeichnet wurden. Die Skythen besaßen eine Pferdekultur, der die Erfindung des Sattels zugeschrieben wird. Diese Innovation hätte gängige Argumente bezüglich mangelnder Größe und Kraft, die auch heute noch bei der Eignung von Soldatinnen für den Krieg angeführt werden, nivelliert. Wenn man so weit geht, wäre es nicht überraschend, dass es in dieser Zeit auch eine egalitäre Führung gab oder sogar ein Matriarchat an der Macht war.

Ein Matriarchat würde die Praxis unterstützen, die Mädchen großzuziehen und die Jungen zu ihren Vätern zu schicken, anstatt sie zu töten. Ihre Darstellung als Männerhasserinnen wird sogar von den Griechen selbst widerlegt. Sie werden natürlich als Männermörderinnen bezeichnet, da sie in erster Linie gegen Männer kämpften. Und da sie dabei erfolgreich waren, wurden sie als wilde Kriegerinnen beschrieben. Aber auch in den altgriechischen Geschichten wurden sie stark sexualisiert, wie man an den Aufgaben des Herakles (lat. auch Herkules) sehen kann.

Die Amazonen und die neunte Aufgabe des Herakles

Vor ihrer Teilnahme am Trojanischen Krieg waren die Amazonen Teil der Geschichte von Herakles' zwölf Aufgaben. (Falls Sie sich fragen: die Geschichte wird auch die *Aufgaben des Herkules* genannt, in einer Version ist Herkules ein Gott. In dieser Version ist Herakles nur ein Sterblicher.)

Seine neunte Aufgabe besteht darin, den Gürtel von Hippolyte, der Königin der Amazonen, zu beschaffen. Der Erzählung zufolge kommt er bei den Amazonen an und erzählt Hyppolite von seiner Aufgabe. Sie stimmt zu, ihm den Gürtel zu überlassen. Hera ist jedoch bestürzt über die Leichtigkeit, mit der ihm die Erfüllung seiner Aufgabe gelingen sollte und verkleidet sich als eine der Amazonen, um Gerüchte zu verbreiten. Sie erzählt ihren Mitstreiterinnen, die Griechen seien nicht wegen des Gürtels, sondern wegen des Krieges gekommen und dass die Amazonen bald getötet würden, wenn sie nicht aufbegehren und kämpfen würden. Als Herakles den Gürtel von Hippolyte erhalten soll, werden seine Soldaten von den Streitkräften der Amazonen angegriffen und er zieht sein Schwert und tötet die Königin.

Das ist eine Art, die Geschichte zu erzählen, aber sie ergibt wenig Sinn, wenn man sie für bare Münze nimmt. Warum hätte Hera Herakles damit beauftragt, den Gürtel einer Königin zu rauben? Wie immer kommt es hier auf die Symbolik an. In der altgriechischen Kultur stellte das Erhalten (oder Rauben) des Gürtels einer Frau eine sexuelle Eroberung dar, vor allem einer Jungfrau. Hera verlangte von Herakles also, die Königin der Amazonen entweder zu verführen oder zu vergewaltigen. Wenn man es so liest, war Herakles anfangs erfolgreich mit seiner Werbung um Hippolyte, was für Hera eine große Überraschung darstellte. Heras nächste Aktionen bleiben gleich, die Metapher erzählt uns, dass Herakles Hippolyte tötete und dann vergewaltigte, was durch das *anschließende* Entfernen des Gürtels von ihrem Körper symbolisiert wird. Unser Held.

Achilles gegen die Königin Penthesilea

Es gibt eine andere Version des Mythos, in der Herakles Hippolyte entführt, anstatt sie zu töten, nachdem er ihren „Gürtel" an sich genommen hat und mit Theseus nach Athen zurückkehrt, der dann die Königin heiratet. Als Vergeltung für die Entführung greifen die Amazonen, angeführt von Hippolytes Schwester Penthesilea, Athen an, um sie zu befreien. Oder sie greifen Athen an, nachdem Theseus die Amazonenkönigin zugunsten von Phaedra, der Tochter des Königs Minos von Kreta, abserviert. Hippolyte, die Theseus entweder noch liebt oder unversöhnlich hasst, wird versehentlich von Penthesilea getötet. (Oder nichts davon geschah, und Hippolyte wurde von ihrer Schwester mit einem Speer bei einem Unfall auf der Hirschjagd getötet.) Die alten Griechen hatten manchmal Schwierigkeiten, ihre Geschichten einheitlich zu gestalten. Ungeachtet des Schicksals von Hippolyte ist Penthesilea zur Zeit des Trojanischen Krieges Königin der Amazonen, und sie stellt sich wie ihr Vater Ares auf die Seite der Trojaner.

Die Achäer sind durch ihre Ankunft am Boden zerstört, und sie zerschlägt ihre Streitkräfte mit größerer Zähigkeit, als es selbst der kürzlich ausgesandte Prinz Hektor tat. Erneut liegt es an Achilles, sich als größter Krieger des Konflikts zu beweisen und die Königin zum Einzelkampf herauszufordern. Die griechischen Geschichtenerzähler haben es wieder einmal schwer, sich auf das zu einigen, was als Nächstes geschieht. In einigen selteneren, aber immer noch verbreiteten Versionen schockiert Penthesilea jeden, einschließlich der Götter, indem sie den mächtigen Achilles tötet. Zeus entscheidet, dass dies nicht das Ende für den Helden sein kann, so dass Achilles wieder aufersteht und Penthesilea prompt tötet. Es gibt keine Gnadenerweckung für die gefallene Königin, und jeder darf über ein so peinliches Beinahe-Ende für Achilles hinwegsehen. Die meisten Versionen sind jedoch unkomplizierter und erzählen von Achilles, der Penthesilea offen und ehrlich erschlägt und sich dann in sie verliebt, als er ihren Helm abnimmt und ihr Gesicht sieht.

Achilles gegen Memnon

Ein weiterer Herausforderer von Achilles war Memnon, der König von Äthiopien. Als Neffe des Priamos entschließt sich Memnon, den Trojanern zu Hilfe zu kommen, eine starke Armee mitzubringen und Troja neue Hoffnung zu geben. Memnon selbst ist der Sohn des Titanen Eos und wird in einer Reihe mit Achilles, Hektor, Ajax dem Großen und Penthesilea als Krieger beschrieben. In einer Schlacht, in der die Trojaner dabei sind, die Achäer zu besiegen, verwundet Prinz Paris das Pferd, das den Wagen des betagten Königs Nestor von Pylos zieht.

Da Nestor eingekesselt ist, kommt ihm sein Sohn Antilochos zu Hilfe und greift Memnon an, dessen Armee die zurückweichenden Griechen verfolgt. Memnon tötet Antilochos, und danach fordert ein trauernder Nestor Memnon zum Einzelkampf heraus. Als er sieht, dass Nestor für einen fairen Kampf zu alt ist, lehnt Memnon ab. Nestor wendet sich mit der Aufgabe an Achilles und appelliert an seinen Stolz mit der Behauptung, es gebe einen anderen Krieger, der ihm ebenbürtig sei.

Thetis erscheint und fleht ihren Sohn an, diesen Kampf abzulehnen, da eine Vision ihr sage, dass Achilles bald nach Memnons Tod sterben werde. Doch in der Überzeugung, ein für alle Mal zu beweisen, dass er der mächtigste Held ist, akzeptiert Achilles und stellt sich Memnon vor den Toren Trojas. Während des Kampfes verwundet Memnon Achilles am Arm, dies ist das erste Mal, dass der scheinbar unbesiegbare Halbgott Blut lässt. Doch während Memnon sich mit Achilles an Stärke messen kann, ist die Geschwindigkeit des Achäers zu groß und Memnon stirbt mit einem Speer im Herzen.

Der Kampf zwischen Achilles und Memnon.
rob koopman, CC BY-SA 2.0 <https://creativecommons.org/licenses/by-sa/2.0>, via Wikimedia Commons https://commons.wikimedia.org/wiki/File:Combat_between_Achilles_and_Memnon,_Grave_amphora_southern_Italy,_330_BC.jpg

Der Tod des Achilles

Wenn man etwas aus der Geschichte des Trojanischen Krieges lernen kann, dann, dass sich Prophezeiungen erfüllen. Die Menschen konnten sie bekämpfen oder akzeptieren, aber sie wurden trotzdem wahr. Helden und sogar die Götter selbst lebten nach ihnen und starben oft durch sie.

Achilles wird oft vorhergesagt, er werde sterben, wenn er im Trojanischen Krieg kämpft. Seine Mutter denkt daran, als er die Insel Skyros verlässt, um seinen Mut zu beweisen. Es liegt auf den Lippen des gefallenen Hektors, als Achilles sich an den brechenden Augen des Prinzen ergötzt. Als die Prophezeiung Achilles schließlich einholt, erfüllt sie sich auf unerwartete Weise. Obwohl er das Leben eines Kriegers gelebt und eine beeindruckende Zahl an Siegen erfochten haben mag, stirbt er unrühmlich, als Prinz Paris ihn aus der Ferne mit einem Giftpfeil und unter der boshaften Führung des Apollo erschießt. Für Paris bedeutet die Kombination aus Hinterhalt, Gift und göttlichem Eingreifen wenig Anerkennung für die Tötung des Achilles, und selbst im Sieg wird er als Feigling in Erinnerung behalten.

In einigen Versionen ist es nicht einmal Paris, sondern Apollo, getarnt als Paris, der den tödlichen Schuss abgibt und Achilles aus dem Rennen nimmt. So oder so, die Darstellung des Untergangs des Achilles ermöglichte die Verwirklichung der scheinbar widersprüchlichen Prophezeiung, dass er der größte Krieger und im Kampf unbesiegt sein sollte und dennoch im Krieg sterben würde.

Der sterbende Achilles.
Dr.K., CC BY-SA 3.0 <https://creativecommons.org/licenses/by-sa/3.0>, via Wikimedia Commons
https://commons.wikimedia.org/wiki/File:Closeup_of_Achilles_thniskon_in_Corfu_Achilleion_autocorrected.JPG

In einem Artikel von 1995 mit dem Titel „Achilles Heel: The Death of Achilles in Ancient Myth" („Achilles' Ferse: Der Tod des Achilles im alten Mythos"), führt Jonathon Burgess Belege aus der antiken Kunst und Literatur dafür an, dass Achilles höchstwahrscheinlich vor den Toren Trojas durch zwei Pfeile umkam. Der erste Pfeil traf seinen Knöchel, behinderte ihn und beraubte ihn seiner legendären

Geschwindigkeit. Der zweite soll ihn getötet haben. Tatsächlich wurde er im späteren römischen Mythos in die Ferse geschossen, als er sich im Tempel von Apollo befand.

Die Frage nach der Todesart des Achilles ist einfach; die Antwort ist komplex. Aber das gehört zur Mythologie – es ist selten unkompliziert. Achilles ist eine fiktive Figur (glauben wir), also können wir uns die Geschichte aussuchen, die uns am meisten zusagt.

Kapitel 8: Ajax' Tod und die letzten Prophezeiungen

Nach dem Tod von Achilles kämpfen Ajax der Große und Odysseus gegen eine Horde Trojaner, um den Leichnam des gefallenen Kriegers zu bergen. Ajax hebt Achilles, seine Rüstung und seine Waffen auf seine Schultern, und Odysseus kämpft heftig, um die gegnerischen Soldaten in Schach zu halten. Achilles' Rüstung ist vom Gott Hephaistos auf dem Olymp geschmiedet worden, und sowohl Ajax als auch Odysseus begehren sie wegen ihrer Handwerkskunst und ihrer magischen schützenden Eigenschaften.

Obwohl ihre Absichten, Achilles zurück ins Lager der Achäer zu schleppen, ehrenhaft gewesen sein mögen, entwickelt sich zwischen den beiden schnell ein Streit darüber, wer die Rüstung ihres Kameraden mehr verdient. Da Ajax derjenige ist, der buchstäblich die schwere Last geschultert hat, behauptet er, er habe die wesentlichere Rolle gespielt – zumal Odysseus das Gewicht des toten Kriegers nicht bewältigen konnte. Umgekehrt weist Odysseus darauf hin, dass Ajax wohl jetzt tot neben Achilles läge, wenn er nicht gewesen wäre, um die tollwütigen Trojaner abzuwehren.

Beide hatten natürlich recht.

Um den Streit zu schlichten, treten sie vor einem Rat von hochrangigen Achäern. Als Ajax einem Wettkampf zustimmt, bei dem beide geistreiche Reden halten sollen, ist der Wettkampf schon vorbei, bevor er beginnt. Athene hilft Odysseus, seine Rede noch wortgewandter zu gestalten und die Ohren des Rates zu verzaubern. Die Rüstung wird schließlich Odysseus zugesprochen, und Ajax stößt sich aus Trauer sein eigenes Schwert in die Brust.

Diese selbstmörderische Reaktion ist in der griechischen Mythologie ebenso berühmt wie verwirrend. Ajax, der sich in sein Schwert stürzt, ist ein populäres Bild, das auf griechischer Keramik gefunden wurde und in die Kultur der antiken Zivilisation eingebettet scheint. Dennoch scheint die Reaktion in keinem Verhältnis zu dem zu stehen, was geschehen war. Odysseus findet Ajax auf seinen Reisen sogar in der Unterwelt, und der große Krieger ist immer noch wütend auf ihn wegen des Streits um die Rüstung! Was die meisten Gelehrten daraus ablesen ist, dass dieser Teil der Geschichte zeigt, wie ernst die Achäer ihre Ehre nahmen.

Ajax hatte zweimal gegen Hektor gekämpft und galt weithin als fast so unverwundbar wie Achilles selbst. Der Soldat, der die Rüstung trug, war symbolisch der größte achäische Krieger, eine Ehre, von der Ajax zu Recht erwartete, dass sie ihm zufiele. Die Tatsache, dass sie an Odysseus ging, war eine große Schande für Ajax, markiert aber vielleicht einen Wendepunkt in der Geschichte.

Odysseus war Ajax in einem fairen Kampf offensichtlich unterlegen, aber Odysseus hasste faire Kämpfe und war schlau genug, sie zu meiden. In ähnlicher Weise brachten die Achäer mehr und bessere Krieger mit als die Verteidiger Trojas, aber nach einem Jahrzehnt lagerten sie immer noch außerhalb der Stadtmauern. Es waren nicht mehr Schnelligkeit, Stärke und Ehre im Kampf, durch die die Achäer siegten, sondern Strategie und Rücksichtslosigkeit. So war Odysseus der beste Kämpfer, um Aussicht auf einen Sieg zu versprechen, während Ajax nur der überlegene Kämpfer bei den bisher erfolglosen Anstrengungen gewesen war.

Fast wie aufs Stichwort nimmt Odysseus Helenus gefangen, einen trojanischen Prinzen, der nach einem Streit mit seiner Familie die Stadt in Richtung des Bergs Ida verlassen hat, und zwingt ihn, Informationen mit ihm zu teilen. Helenus ist sowohl ein Seher als auch ein Krieger, etwas, das er mehrfach benutzt, um die Achäer auf dem Schlachtfeld zu besiegen. Nun wird er unter Folter gezwungen, seinen Entführern zu sagen, wie sie die Stadtmauern durchbrechen und damit den Krieg gewinnen können.

Um dies zu tun, müssen sie Achilles' Sohn Neoptolemos rekrutieren und Philoktetes (einen berühmten Bogenschützen, der seine

Verwundung auf Lemnos auskurierte und den legendären Bogen und die Giftpfeile des Herakles besaß) zurückholen.

Darstellung des Philoktetes auf Lemnos. Man beachte, dass Herakles' Bogen neben ihm liegt.
Metropolitan Museum of Art, CC BY 2.5 <https://creativecommons.org/licenses/by/2.5>, via Wikimedia Commons https://commons.wikimedia.org/wiki/File:Philoktetes_Lemnos_Met_56.171.58.jpg

Die Rekrutierung des Sohnes des Achilles erweist sich als die einfachere Aufgabe, da Philoktetes und seine achäischen Landsleute sich nicht in bestem Einvernehmen getrennt hatten. Nachdem er eine geheimnisvolle, nässende Wunde an seinem Fuß erlitten hat, die nicht heilte, ließen ihn seine Mitstreiter einfach zurück, um ihren Krieg fortzusetzen. Sie fürchteten sich, ihn mitzunehmen, weil sich nicht wussten, ob seine nässenden Gliedmaßen auch sie infizieren könnten.

Also ließ man ihn allein. Seine bronzezeitliche Quarantäne endet, als die Prophezeiung bestimmt, dass er gebraucht wird. Odysseus und Diomedes leiten die Mission, ihn abzuholen. Odysseus hatte sich am lautesten dafür ausgesprochen, Philoktetes zurückzulassen, ein Umstand, der beiden Krieger bei ihrer Wiedervereinigung sehr wohl bewusst ist, als Philoktetes die Giftpfeile des Herakles umklammert. Odysseus gelingt es, Philoktetes dazu zu bringen, Pfeil und Bogen auszuhändigen, aber Diomedes bleibt standhaft und weigert sich, nur die Waffen und nicht auch den alten Freund mitzunehmen.

Herakles selbst, der nun ein Gott geworden ist, muss eingreifen, um die Pattsituation aufzulösen. Er verspricht, dass Philoktetes, wenn er zustimmt, von dem Sohn des Gottes Asklepios geheilt werde und damit am Ende des Krieges ein großer Held der achäischen Armee werde. Er bestimmt auch, dass es Philoktetes sein muss, der seine ehemalige Waffe führt. Als Zeichen für das Gute, das den Griechen bevorsteht, beweist Philoktetes sofort seinen Wert, indem er mit seinen Giftpfeilen den Prinzen Paris tötet und ihn dreimal trifft, bevor er den vierten Pfeil in seine Ferse schießt, genau wie dieser es (mit Hilfe von Apollo) mit Achilles getan hat.

Mit zwei neuen Rekruten an der Hand, haben die Achäer damit schon die Hälfte der Forderungen von Helenus' Prophezeiung erledigt.

Die dritte Bedingung für einen griechischen Sieg ist, das Palladion von Troja aus seinen Mauern zu stehlen. Das Palladion war eine heilige Holzstatue der Athene (Pallas für die Trojaner), die während der Gründung von Troja vom Himmel fiel und seither als Schutztalisman der Stadt verehrt wurde. Odysseus und Diomedes finden sich zusammen, da sie in einem Zeitalter von Schwertern und Speeren diejenigen sind, die auch feinere Waffen zu handhaben wissen.

Hier ist es wichtig, sich daran zu erinnern, dass Troja nicht vollständig belagert wurde und dass die Menschen durch bestimmte Stadttore kommen und gehen konnten, so schwer bewacht sie auch gewesen sein mögen. In einigen Versionen der Geschichte gelingt es Odysseus, sich als Bettler verkleidet Zutritt zu verschaffen und Diomedes später durch einen geheimen Eingang hereinzulassen, den er von innen öffnet.

In anderen Fassungen werden sie von einem Verbündeten innerhalb der Stadt unterstützt, wahrscheinlich Antenor, der zu Beginn des Krieges zwischen den Achäern und den Trojanern vermittelt hat. Dort angekommen, schleichen die beiden Achäer ein wenig durch die Stadt, töten einige Feinde, bevor sie von Helena erkannt werden. Immer die Doppelagentin und Überlebenskünstlerin, entscheidet sich Helena, den Achäern zu zeigen, wo das Palladion zu finden ist. Sie verlassen die Stadt auf die gleiche Weise, wie sie sie betreten haben. Die dritte Bedingung für die Weissagung ist erfüllt.

Diese Ereignisse werfen jedoch eine größere Frage auf. Wenn sie in die Stadt eindringen konnten, um das Palladion zu stehlen, wozu benötigten sie dann das theatralische Geschenk des Trojanischen Pferdes und das damit verbundene unnötige Risiko.

Die Geschichte lässt sich endlos aus den Metaphern und dem Unterhaltungswert der griechischen Mythen herausfiltern, und dies ist einer der interessanteren Punkte, an denen man verweilen kann. Eine mögliche Antwort ist, dass der Diebstahl des Palladions kein Diebstahl im eigentlichen Sinn ist. Wenn das Palladion ein Symbol für den Schutz von Troja ist, dann handelt es sich vielleicht um den symbolischen Diebstahl der Sicherheit, die die Mauern ihnen boten, als die Griechen einen Weg in die Stadt fanden (oder ihnen dabei geholfen wurden). Der Sturz von Troja nachdem die Griechen einen Zugang in die Stadt gefunden hatten, ergibt, zumindest für heutige Leser, viel mehr Sinn als der Sturz Trojas aufgrund des Verlusts einer Statue.

Die letzte Aufgabe in der Prophezeiung des Helenus ist es, die Gebeine des Pelops nach Troja zu bringen. Pelops war der Großvater von Agamemnon, der in Pisa begraben wurde, so dass der mykenische König sofort ein Schiff aussendet und die Mannschaft damit beauftragt, seinen Verwandten auszugraben und seine sterblichen Überreste zurückzubringen.

Auf der Rückreise geht das Schiff in einem Sturm verloren und die Knochen gelangen nicht bis nach Troja. Dies ist eine weitere merkwürdige Entwicklung, da sie die Achäer daran hindert, die Prophezeiung zu erfüllen. Jeder, der aufgepasst hat, weiß, dass Prophezeiungen für die achäischen Griechen Gesetz waren, und die Griechen konnten trotz ihres Versagens siegen. Warum sollte die Forderung Teil der Prophezeiung sein, wenn sie sie nicht einlösen konnten? Waren Prophezeiungen wichtig oder nicht? Im Gegensatz zur Geschichte des Palladions (eine scheinbar phantastische Erzählung, die den Leser verwirrt) braucht diese eine phantastische Erzählung, damit sie Sinn ergibt.

Beginnen wir am Anfang. Die Geschichte um Pelops beginnt mit seiner Ermordung. Sein Vater, Tantalus, tötet seinen Sohn als Teil seines Planes zu prüfen, ob die Götter wirklich allwissend sind.

Tantalus zerstückelt Pelops und serviert ihn in einem Eintopf, der den Göttern dargebracht wird. Die meisten Götter wissen, dass etwas mit dem Essen nicht stimmt und weigern sich zu essen. Demeter jedoch isst

Pelops' linke Schulter. Später setzen die Götter Pelops wieder zusammen und erweckten ihn zum Leben, und Hephaistos, der Gott der Schmiede, stellt eine Schulter aus Elfenbein her, um die von Demeter verzehrte zu ersetzen.

Warten Sie, es wird noch besser:

Poseidon macht Pelops zu seinem Lehrling im Olymp und lehrt ihn, den göttlichen Wagen zu lenken. Nach seiner Reise nach Griechenland nimmt Pelops an einem Wagenrennen gegen Oinomaos, den König von Pisa, teil, der eine Prophezeiung fürchtet, dass er von seinem Schwiegersohn getötet werden wird. Um die Prophezeiung zu durchkreuzen, tötet Oinomaos alle potentiellen Freier seiner Tochter – die seine Herausforderer bei den Wagenrennen waren.

Als Pelops davon hört, bittet er Poseidon um Hilfe. Sie überreden den Wagenlenker des Königs, die Bolzen seiner Wagenräder durch falsche zu ersetzen. Es funktioniert. Oinomaos' Wagen wird während des Rennens zerstört und Oinomaos von seinen Pferden zu Tode geschleift. Pelops wird zum Sieger erklärt, zum König von Pisa ernannt und heiratet Oinomaos Tochter.

Zurück zu einer von Herakles' Aufgaben...Viele glauben daher, es war nicht Pelops Knochen, sondern die Schulter aus Elfenbein, die nach Troja gebracht werden sollte. Diese Geschichte ergibt viel mehr Sinn, denn an den Knochen des toten Königs wäre nichts Besonders, anders als der Knochen, den eine Göttin geschaffen hat.

Genauer gesagt, von Demeter – diejenige, die die Schulter von Pelops in ihrem Eintopf verzehrte – die die Göttin der Ernte war und während des Krieges neutral blieb, im Gegensatz zu ihren reizbareren Geschwistern. Demeters Unterstützung wäre wahrscheinlich in Form einer guten Ernte für die Achäer in einer Zeit der Not gekommen oder dadurch, dass den belagerten Trojanern eine Ernte entzogen wurde. Der Elfenbeinknochen war ein Geschenk von Demeter, vielleicht war es das, was sie brauchten, nicht die brüchigen Überreste eines längst verstorbenen Königs, sondern die Großzügigkeit der Göttin der Ernte.

Fazit: Entweder sagen die Schicksale, dass drei von vier erledigten Aufgaben nicht schlecht sind, oder sie zählen die vierte Aufgabe symbolisch, und die Griechen schmieden ihren endgültigen Plan, die Stadt einzunehmen.

Kapitel 9: Das Trojanische Pferd und die Plünderung Trojas

Es herrscht beinahe allgemeine Übereinstimmung, dass die Stadt Troja existierte, obgleich noch diskutiert wird, wie groß sie war und ob Homer in seinen poetischen Beschreibungen zu Ausschmückungen neigte. Man nimmt zudem an, dass auch der Krieg zwischen den achäischen Griechen und den Trojanern stattgefunden hat, auch wenn in akademischen Kreisen über seine Länge und Bedeutung gestritten wird.

Das Trojanische Pferd hingegen wird von Wissenschaftlern fast gänzlich als Erfindung abgetan.

Dennoch ist es ebenso ikonisch als Symbol für den Sturz der Trojaner, als Zeugnis für den Sieg der Achäer als auch als Symbol für die Erzählung selbst, die ohne es nicht vollständig wäre. Das Pferd vollbrachte, was selbst Achilles mit Muskelkraft nicht vermochte, und ermöglichte es den Griechen schließlich, die Mauern von Troja zu durchbrechen.

Darstellung des Trojanischen Pferdes von Giovanni Domenico Tiepolo.
https://commons.wikimedia.org/wiki/File:Giovanni_Domenico_Tiepolo_-_The_Procession_of_the_Trojan_Horse_in_Troy_-_WGA22382.jpg

Die Legende des Trojanischen Pferdes

Der Legende nach entwarf Odysseus den Plan, ein riesiges, hohles Holzpferd zu bauen, in dem sich eine Elitetruppe achäischer Soldaten verstecken konnte. Der Trick bestand darin, die Trojaner dazu zu bringen, das Pferd in die Stadt zu bringen. Um dies zu tun, brechen sie in der Nacht nach Tenedos auf, damit ihre Flotte in der Nähe bleiben kann, aber keine gegenwärtige Bedrohung für Troja darstellt. Die Achäer erklären die Trojaner zu Siegern und das Pferd soll ein Geschenk an die Trojaner sein.

Die Trojaner schicken eine Gruppe, um den verlassenen Strand und die große Holzkonstruktion zu erkunden, die dort steht, wo ein Jahrzehnt lang griechische Armeen lagerten. Unter denen, die geschickt werden, um die unerwartete Trophäe zu untersuchen, befindet sich ein Priester namens Laokoon. Bekanntlich behauptet er, als er das Pferd erreicht: „Ich traue den Griechen nicht, auch wenn sie Geschenke bringen." Er schlägt vor, die Pferde-Skulptur anzuzünden und es dabei zu belassen, aber Athene greift ein, indem sie Schlangen schickt, die aus dem Meer springen und Laokoon und seine beiden Söhne, die ihn begleiten, töten. Da die Trojaner nun befürchten, dass es die Götter erzürnen wird, wenn sie das Geschenk verbrennen oder seine Annahme verweigern, beschließen sie, das Holzpferd durch die Tore in die Stadt zu ziehen und ein Fest zu Ehren der Götter und ihres Sieges zu veranstalten. Kassandra, die verflucht ist, Prophezeiungen zu verkünden, die niemand glauben wird, rät ihrem Vater Priamos ebenfalls davon ab, das Geschenk in die Stadt zu bringen, und erklärt, die Achäer würden sie vernichten, wenn sie es täten. Ihr Rat wird nicht befolgt, und die Trojaner feiern das Holzpferd und essen und trinken bis tief in die Nacht.

Währenddessen sitzen Odysseus, Diomedes, Menelaos, Philoktetes, Ajax der Kleine und etwa zwanzig andere Achäer im Inneren des Pferdes. Sie warten tagelang in entsetzlicher, beengter Stille, während die Trojaner diskutieren, und überlegen, ob sie sie bei lebendigem Leib verbrennen, durch die Tore ziehen oder sie am Strand verhungern lassen werden. Schließlich bringen sie sie in die Stadt und veranstalten ein Fest zu Ehren der Götter und ihres Sieges. Als die Morgendämmerung naht, wird es auf den Straßen endlich ruhig und sie sind allein. Odysseus und seine Bande haben wenig Mühe, sich durch die überraschten und weitgehend betrunkenen Trojaner zu den Toren zu kämpfen. Dort begegnet ihnen die achäische Armee, nachdem sie in der Nacht ungesehen zurückgekehrt ist. Ein Feuersignal hatte ihnen den Hinweis gegeben, dass es Zeit sei zurückzukehren, und sie hatten ihre Boote wieder heimlich außerhalb der Stadt verankert. Nach zehn Jahren geben die Trojaner ihre Wachsamkeit für eine Nacht auf, und die anstürmenden Achäer sorgen dafür, dass ihr Irrtum tödlich endet.

Eine zeitgenössische Erklärung

Das ist die Geschichte, die sich in etwas unterschiedlichen Versionen endlos weitererzählen lässt. Historiker und Archäologen kritisieren sie, weil sie nicht ganz mit dem übereinstimmt, was sie über die Kriegsführung in der Region in der späten Bronzezeit wissen. Das heißt nicht, dass die Griechen nicht in der Lage gewesen wären, das Pferd zu bauen, sondern vielmehr, dass es kein sehr guter Trick war. Ein Gegner wie die Trojaner hätte sehr wohl gewusst, welche Konstruktionen geeignet waren, um Soldaten zu verstecken und Mauern zu durchbrechen. Aus der Perspektive der Achäer barg der Plan ein unglaublich hohes Risiko des Scheiterns und damit einhergehend für diejenigen, die sich so in die Stadt schmuggeln wollten, eines schrecklichen Todes.

Es ist jedoch erwähnenswert, dass sowohl Homer als auch andere griechische Dramatiker und Historiker sich überraschend oft durch archäologische Funde bestätigt sehen, die ihre Behauptungen untermauern, so dass es möglicherweise nicht klug wäre, die Pferdegeschichte komplett abzutun. Wenn das Geschenk als Köder anstatt als Transportmittel verwendet worden wäre, würde der größte Teil der Geschichte immer noch Sinn ergeben. Immerhin hatte es Odysseus schon mehrfach geschafft, sich in die Stadt zu schleichen. Vielleicht hätte er es mit einigen seiner Freunde noch einmal tun können, während König Priamos und die Trojaner mit dem ausgeklügelten und verdächtigen Geschenk beschäftigt waren, das am Strand zurückgelassen wurde. Ungeachtet dessen ist man sich allgemein darüber einig, dass nach einem langwierigen Krieg (der bis zu einem Jahrzehnt dauerte) die belagerten Trojaner dazu gebracht wurden, in ihrer Vorsicht nachzulassen, wofür die Achäer sie teuer bezahlen ließen.

Die Plünderung Trojas

Das Blatt hatte sich gewendet. Dieselben Mauern, die die trojanischen Bürger jahrelang vor den Achäern geschützt hatten, schlossen sie nun im Inneren ein, um abgeschlachtet zu werden. Wie bei der damaligen Kriegsführung üblich war die Plünderung von Troja brutal. Die Achäer, angetrieben von einem Jahrzehnt der Frustration und Niederlagen, schlachteten trojanische Männer, Frauen und Kinder im Schlaf ab. Diejenigen, die nicht getötet wurden, wurden vergewaltigt oder verschleppt - und oft beides. Die trojanischen Soldaten waren zwar überrascht, hatten aber gewiss in die Nacht und in den nächsten Tag hinein einen erbitterten Kampf geführt, von dem sie sich nicht erholen konnten. Die Achäer waren froh, das Feuer tun zu lassen, was ihre Schwerter und Speere nicht vermochten. Das Feuer war ihr Verbündeter, denn es zwang die trojanischen Krieger aus dem Hinterhalt und vernichtete die Gebäude. Um den Feuern zu entkommen, wurden viele wohlhabende Trojaner plötzlich zu besitzlosen Flüchtlingen. In den Ruinen von Troja wurde Schmuck aus Edelmetallen in den Häusern der Menschen gefunden, was auf eine rasche und überstürzte Flucht hinweist.

So schlimm der Sturz Trojas für gewöhnliche Trojaner war, umso schlimmer war er für die Angehörigen der königlichen Familie, die zur Vernichtung und Rache auserkoren wurden. König Priamos wurde von

Neoptolemos, dem Sohn des Achilles, am Altar des Zeus gefunden, wo er ohne Prunk hingerichtet wurde. Odysseus, der befürchtete, dass sich derselbe Kreislauf der Gewalt eines Tages über die Achäer wiederholen könnte, fand Hektors Sohn Astyanax und warf ihn von der Stadtmauer in den Tod. Hektors Frau Andromache wurde von Neoptolemos und seine Schwester Kassandra von Agamemnon entführt. Beide kehrten mit den Achäern nach Griechenland zurück, um als Konkubinen mit den Kriegern zu leben. Prinzessin Polyxena, die einigen Erzählungen zufolge vor seinem Tod verlobt mit Achilles war, wurde auf dem Grab des Halbgottes geopfert. Helena, die der Grund für den Krieg war, erwartete König Menelaos in ihren Gemächern. Nach dem Tod von Paris hatte Helena einen seiner Brüder, Deiphobus, geheiratet, den Menelaos erst kurz zuvor während der Plünderung der Stadt getötet hatte. Als er sie aber sah, wurde er von ihrer Schönheit überwältigt und ließ sein Schwert fallen, und die beiden kehrten als König und Königin nach Sparta zurück.

Der Brand Trojas von Johann Georg Trautmann.
https://commons.wikimedia.org/wiki/File:J_G_Trautmann_Das_brennende_Troja.jpg

Die Flucht des Aeneas

Unter den Flüchtlingen von Troja war Aeneas, der Sohn des trojanischen Prinzen Anchises und der Göttin Aphrodite. Bis zum Alter von fünf Jahren wurde Aeneas von Nymphen auf dem Berg Ida aufgezogen, bevor er zu seinem Vater zurückgebracht wurde, der geschworen hatte, nie zu sagen, dass er bei einer Göttin gelegen hatte. Er galt weithin als einer der besten trojanischen Kämpfer des Krieges, obwohl er nicht so mächtig war wie Hektor oder wie Achilles, Ajax oder Diomedes auf achäischer Seite. Ein besserer Vergleich könnte Odysseus sein, wenn Aeneas auch etwas weniger gerissen und ein wenig ehrenwerter war.

Wie Odysseus wurde Aeneas von den Göttern begünstigt, die ihn zweimal aus der Schlacht retteten, als der Tod unvermeidlich schien. Wie Odysseus stand auch Aeneas nach dem Trojanischen Krieg vor einer langen und beschwerlichen Reise. Nachdem sein Haus zerstört worden war, floh er mit seinem Sohn, seinem Vater und vielen anderen Gefährten aus der Stadt, nachdem er dazu von den Göttern angehalten worden war, die das Erbe Trojas nicht gänzlich in Vergessenheit geraten lassen wollten.

Aeneas flieht aus dem brennenden Troja *von Federico Barocci.*
https://commons.wikimedia.org/wiki/File:Aeneas%27_Flight_from_Troy_by_Federico_Barocci.jpg

Aeneas und seine Mannschaft wurden beauftragt, eine neue Stadt zu gründen, die schließlich eine weitere große Kultur hervorbringen sollte: Rom. Wie vorauszusehen war, wurde ein Großteil dieser Geschichte von einem römischen Dichter erzählt anstatt von einem griechischen, Jahrhunderte nachdem Homer seine *Ilias-* und *Odyssee*-Geschichten geschrieben hatte. Der römische Dichter hieß Vergil und in der *Aeneis* erzählt er von den wechselhaften Abenteuern, die Aeneas und seine

Mannschaft durchleben. Ihre Reisen führen sie rund um das Mittelmeer, mit bemerkenswerten Unterbrechungen auf Kreta, Sizilien und Karthago, wo er Königin Dido kennenlernt und sich in sie verliebt. Aeneas muss von den Göttern an seine Mission erinnert werden, und nachdem er heimlich aus Karthago geflohen ist, spricht Dido mit gebrochenem Herzen eine Prophezeiung und einen Fluch aus, der ihre Nachkommen in Karthago und Rom in den punischen Kriegen gegeneinander ausspielt (bevor sie sich selbst mit einem Schwert tötet, das Aeneas ihr hinterlassen hat).

Als Aeneas nach Italien kommt, wird er zunächst von Latinus, dem König der Latiner, empfangen. Doch die gute Stimmung verfliegt, als Latinus die Prophezeiung erhält, dass seine Tochter Lavinia einen Mann aus einem anderen Land heiraten wird. Latinus hält Aeneas für diesen Mann und erfüllt die Prophezeiung, was den benachbarten König der Rutuler, Turnus, erzürnt. Mit den verbündeten Etruskern zieht Turnus in den Krieg gegen die Latiner und ihre neuen trojanischen Verbündeten. Aeneas selbst tötet Turnus, um die letzte Schlacht zu gewinnen, aber Latinus fällt im Krieg.

Aeneas gründet die Stadt Lavinium, benannt nach seiner Frau, und bleibt dort mit seinem Volk für den Rest seines Lebens. Als er stirbt, verhandelt Aphrodite mit Zeus, um ihm Unsterblichkeit zu verleihen. Er wird vom Flussgott Numicus gereinigt und bekommt Nektar und Ambrosia von seiner Mutter, damit er in das Pantheon aufsteigen kann. Viele Generationen später gründen seine legendären Nachkommen Romulus und Remus die Stadt Rom, aber es sind Aeneas und Lavinia, die als die Urahnen des römischen Volkes angesehen werden.

Anthropologisch betrachtet ergibt diese Geschichte sehr viel Sinn. Als Geschichte, die von den Römern geschrieben wurde, verband es sie mit der Antike und verlieh ihren Führern in den Augen ihrer Untertanen größere Legitimität. Das Bündnis mit den Latinern und die Konflikte mit den Rutulern, Etruskern und Karthagern erklären die historischen Beziehungen zwischen den Völkern der Region. Die Beziehung zwischen Rom und Karthago, die zu den punischen Kriegen führte, spiegelt die Rivalität zwischen den Griechen und den Trojanern vor ihnen wider. Römische Historiker schreiben sogar bewundernd über den karthagischen General Hannibal, ähnlich wie die Griechen die Macht und Würde des Prinzen Hektor von Troja ehrten.

Die überlebenden Achäer

Viele der überlebenden Achäer hatten wohl eine schwierigere Zeit als Aeneas. Odysseus, der dem Roadtrip-Fiasko-Film-Genre mehrere Jahrtausende vorausging, hatte den berühmtesten schlechten Trip aller Zeiten. Von dieser unglücklichen Reise erzählt Homer in seiner Fortsetzung der *Ilias*, der *Odyssee*.

In Homers Odyssee hat Odysseus – obwohl noch unter dem Schutz von Athene – Poseidon verärgert, indem er die von Poseidon bevorzugten Trojaner besiegt. Weil die List mit dem Pferd seine Idee war, schickt der Gott des Meeres einen Sturm, um Odysseus Flotte vom Kurs abzubringen und sie auf die Insel der Lotusesser zu führen. Nachdem sie das magische Kraut zu sich genommen haben, vergessen die Männer des Odysseus, woher sie gekommen sind, was sie getan haben und wohin sie gehen. Odysseus muss sie zurück zu ihren Schiffen schleppen, wo sie erneut vom Kurs abgebracht werden und auf einer Insel landen, die sie für unbewohnt halten.

Dort finden sie eine Höhle mit Fleisch- und Käsevorräten, an denen sie sich freimütig bedienen, bis ihr Bewohner zurückkehrt. Polyphem, ein Zyklop und Sohn des Poseidon, entdeckt, dass die Achäer seinen Vorrat verzehren und beginnt sofort, sie zu fressen. Er rollt einen Felsbrocken vor die Mündung der Höhle und fesselt die Achäer an ihr Schicksal. Nachdem Odysseus viele seiner Männer verloren hat, gelingt es ihm, den Zyklopen betrunken zu machen und ihn mit einem Holzpfahl zu blenden, nachdem er ohnmächtig geworden ist. Wütend und vom Schmerz erwachend, tastet Polyphem in der Höhle herum, kann aber die überlebenden Achäer nicht finden, die sich klugerweise ruhig verhalten. Aber sie sind immer noch gefangen, und Odysseus schmiedet den Plan, dass sie sich am Bauch der Schafe des Zyklopen, die er in der Höhle hält, festbinden.

Schließlich muss Polyphem seine Schafe auf die Weide lassen. Er inspiziert jedes einzelne Schaf, während sie an ihm vorbeilaufen, um sicherzugehen, dass es sich tatsächlich um die Schafe handelt, aber er versäumt es, ihre Bäuche, an denen sich die Achäer festklammern, gründlich zu prüfen. In dem Versuch, seine Taten vor Poseidon zu verbergen, unterbricht Odysseus seine Flucht und rief Polyphem zu, er heiße „Niemand" und die ganze Welt wisse, dass Niemand den Zyklopen geblendet habe.

Infolgedessen antwortete Polyphem seinem Vater.
„Wer hat dich geblendet, mein Sohn?"
„Niemand! Niemand hat mich geblendet!"
Odysseus ist mal zu schlau für sein Wohl, mal nicht annähernd so schlau, wie er denkt. In diesem Fall war es ein bisschen von beidem. Poseidon ist schließlich ein Gott, und er weiß, was Odysseus seinem Sohn angetan hat. Noch wütender als zuvor stimmt Poseidon dem Fluch des Polyphem zu, dass Odysseus und seine Mannschaft zehn Jahre lang auf See bleiben sollen, bevor sie nach Ithaka zurückkehren. Die gesamte Flotte von Odysseus mit Ausnahme seines eigenen Schiffes wird bald zerstört, geht verloren oder wird versenkt.

Odysseus und Polyphem *von Arnold Böcklin.*
https://commons.wikimedia.org/wiki/File:Arnold_B%C3%B6cklin_-_Odysseus_und_Polyphemus_(1896).jpg

Als sie wieder an Land gehen, versorgt Circe alle Männer von Odysseus mit vergiftetem Käse und Wein und verwandelt sie in Schweine. Nur Odysseus behält seine menschliche Form, denn er ist von Hermes gewarnt worden, der ihm ein Kraut namens Moly gegeben hatte, das seine Verwandlung verhindert. Odysseus schafft es, Circe davon zu überzeugen, seine Mannschaft wieder in ihre ursprüngliche Form zurückzuverwandeln, indem er zustimmt, als ihr Liebhaber bei ihr zu bleiben. Nach einem Jahr können sie mit Circes Hilfe ihre Reise fortsetzen. Sie sagt ihnen, wenn sie das heilige Vieh des Helios auf der Insel Thrinakia essen würden, würden sie es niemals nach Ithaka schaffen. Sie warnt sie eindringlich vor dem, was ihnen begegnen wird. Sie erzählt ihnen, dass ihre Reise sie an den tödlichen und schönen Sirenen des Meeres vorbeiführen werde, deren bezaubernde Lieder die Seeleute dazu bringen, von ihren Schiffen zu springen und die Quelle zu suchen, um dann ihr eigenes Grab im Wasser zu finden. Odysseus und seine Mannschaft bereiten sich darauf vor, indem sie sich Bienenwachs in die Ohren stopfen. Das heißt, alle außer Odysseus. Er befiehlt seinen Männern, ihn an den Mast zu binden und zu bewachen, aber er will den Gesang der Sirenen mit eigenen Ohren hören. Als die Zeit gekommen ist, bettelt und fleht Odysseus darum, losgemacht zu werden, um die Musik zu finden, aber seine wachsame Mannschaft bleibt ihren Befehlen treu und widersetzt sich ihm, bis er zu Verstand kommt. Danach rühmt sich Odysseus, dass er der einzige Mensch sei, der jemals die Sirenen gehört und überlebt habe, um davon zu erzählen.

Als Nächstes führt sie ihre Reise durch enge Gewässer. Auf der einen Seite müssen sie einem schrecklichen Strudel namens Charybdis ausweichen, der ihr Schiff auf den Meeresgrund ziehen wird, und auf der anderen Seite müssen sie die Scylla meiden, ein sechsköpfiges Ungeheuer, das sich von vorbeifahrenden Matrosen ernährt. Sechs von der Mannschaft werden verschlungen, einer von jedem Kopf, bevor das Schiff sicher vorbeigefahren ist. Wie viele der Hindernisse auf der Reise, stellen sie wahrscheinlich etwas Realistischeres, aber ebenso Tödliches dar.

Schiffswracks waren ein Teil des frühen Lebens im Mittelmeerraum. Es gab viele Gefahrenstellen für Schiffe, die versuchten, Strudeln auszuweichen und ins offene Meer getrieben wurden, wenn sie sich zu weit vom Land entfernten, unbekannte Küstenlinien und dicht unter der Wasseroberfläche liegende Felsen, wenn sie der Küste zu nahe kamen.

Trotzdem suchten die Überlebenden nun Zuflucht auf der Insel Thrinakia. Odysseus rät davon ab, da er sich an Circes Warnung erinnert, stimmt aber schließlich zu, als der Rest seiner Mannschaft ihn drängt dorthin zu gehen. Nun schickt Zeus einen Sturm, der sie lange Zeit daran hindert, die Insel zu verlassen und sie verzehren alle Vorräte, das Circe ihnen mit auf den Weg gegeben hat. Angesichts des drohenden Hungertods schlachtet die Mannschaft das heilige Vieh des Helios und verzehrt es, während Odysseus fort ist, um für das Ende des Sturms zu beten. Helios verlangt, dass sie getötet werden, so dass Zeus den Sturm lange genug pausieren lässt, um sie davon zu überzeugen, dass er vorbei sei, nur um ihn dann erneut über sie zu bringen, während sie auf See sind. Das Schiff sinkt und die gesamte Besatzung ertrinkt bis auf Odysseus, der an die Küste von Ogygia gespült wird.

Als einziger Überlebender seiner Mannschaft bleibt Odysseus sieben Jahre lang als Liebhaber der der Nymphe Kalypso auf Ogygia. Es wird vermutet, dass dies wirklich alles war, was geschah, und der Rest war eine

Geschichte, die der immer (zu) kluge Odysseus erfunden hatte, um seiner Frau Penelope seine lange Abwesenheit zu erklären.

Als er Ogygia verlässt und nach Ithaka zurückkehrt, sind zwanzig Jahre vergangen, seit er fortgegangen ist, und zehn Jahre seit dem Ende des Kriegs. Man hat ihn für tot gehalten, und so findet er bei seiner Rückkehr heraus, dass viele Bewerber gekommen sind, um seine Witwe zu heiraten. Um Informationen zu erhalten, verkleidet er sich als alter Bettler, ein Trick, an den sich Penelope schon aus der Zeit vor dem Krieg erinnern soll. Er befragt sie über die Freier und beobachtet, wie sie reagiert, als er ihr erzählt, er habe auf Kreta einen Mann namens Odysseus getroffen. Nachdem er überzeugt ist, dass sie ihm immer noch treu ist, offenbarte er sich seinem inzwischen erwachsenen Sohn Telemachos. Gemeinsam erdenken sie einen Wettkampf unter den Freiern, den nur Odysseus gewinnen kann, bei dem er seinen Bogen spannt und einen Pfeil sauber durch zwölf Ringe schießt. Odysseus, immer noch als Bettler verkleidet, stellt seine Stärke unter Beweis, indem er den Bogen spannt und den Pfeil durch die Reifen schießt.

Für den empfundenen Verrat der Freier an Odysseus schlachten er und Telemachos sie alle ab und töten sogar viele der Diener, die den Möchtegern Bräutigamen geholfen oder bei ihnen gelegen haben.

Odysseus hat sich dank seines unerschütterlichen Witzes den Göttern widersetzt, dem Gesang der Sirenen gelauscht, einen Zyklopen besiegt, ist der einzige Überlebende eines Schiffbruchs und wird sowohl von einer Seenymphe als auch von einer Zauberin geliebt. Zumindest behauptet er das.

Agamemnon hat eine weniger verschlungene Rückkehr nach Mykene als Odysseus nach Ithaka, die sich aber als schwieriger erweist. Er hat seinen Thron als der mächtigste der achäischen Könige verlassen, aber in seiner Abwesenheit kehrt der alte Familienzwist zurück. Die Fehde zwischen seinem Vater Atreus und seinem Onkel Thyestes erweist sich keineswegs als beigelegt, da nun Aigisthos, der Sohn des Thyestes, Agamemnons Frau Klytämnestra geheiratet und sich auf den Thron gesetzt hat. Dies spiegelt Thyestes' Affäre mit Aerope, Atreus' Frau und Agamemnons Mutter wider.

Klytämnestra hatte Agamemnon verlassen, weil er bereit gewesen war, ihre Tochter Iphigenie im Namen seines kostbaren Krieges zu opfern. Sie rächt sich, indem sie sich mit Aigisthos verschwört, ihn zusammen mit Kassandra zu ermorden, die als seine Konkubine zurückgekehrt ist.

Aigisthos regiert sieben Jahre lang, bis der Zyklus auch ihn erwischt. Agamemnons Sohn, Orestes, kehrt aus dem Exil zurück und tötet sowohl Aigisthos als auch Klytämnestra (seine eigene Mutter) für ihren Verrat an seinem Vater. In den Augen der Gerechtigkeit scheint Orestes einen Schritt vorwärts und einen zurück zu machen, indem er seinen Vater rächt und seine Mutter tötet. Infolgedessen wird er von den Furien verfolgt, den Göttinnen der Rache und Vergeltung, die die Menschen in den Wahnsinn treiben.

Apollo und Athene stellen sich jedoch auf seine Seite, und Apollo sagt ihnen, wenn er auf die Barbareninsel Tauris gehen würde, um eine Statue der Artemis zu holen, könne er die Qual der Furien beenden. Er wird gefangen genommen und zu einer Priesterin gebracht, die sich als seine lange verschollene Schwester Iphigenie herausstellt, die er für tot gehalten hat. Sie erzählt ihm, Athene habe sie gerettet, und dann habe sie Orestes bei der Flucht geholfen und die Statue der Artemis gefunden. Diese Wendung der Ereignisse durchbricht den Kreislauf der Rache, an der die Familie leidet, und die Furien geben ihre Verfolgung von Orestes auf. Er kehrt nach Mykene zurück, nimmt Hermione zur Frau (die Tochter von Menelaos und Helena) und regiert als König.

Diese Serie unglücklicher Ereignisse, die Agamemnon und seinen Angehörigen widerfahren, ist Teil dessen, was der Fluch des Hauses Atreus genannt wird. Ein Fluch, der in der antiken griechischen Mythologie „ansteckend" war, wurde *Miasma* genannt. Die Geschichte beginnt mit Agamemnons Urgroßvater, Tantalus, der versucht, die Götter dazu zu bringen, seinen Sohn zur Überprüfung ihrer Allwissenheit zu verzehren. Er wird entdeckt und in die Unterwelt geschickt, wo er für seine Arroganz eine wahrhaft dante'ische Folter erduldet. Er steht in einem Wasserbecken, aber jedes Mal, wenn er sich bückt, um einen Schluck zu nehmen, verdunstet das Wasser, bevor er es erreichen kann. Ebenso steht er unter einem Baum, der Früchte trägt, aber wenn er zugreift, um einen zu pflücken, weht eine Brise den Ast außer Reichweite. Das *Miasma* ergreift seine Kinder, wo es zu Brudermord, Vatermord, Inzest und Menschenopfer führt, bis es von Agamemnons Kindern Iphigenie und Orestes besiegt wird.

Anderen bemerkenswerten Achäer, die überleben, ergeht es besser. Nestor, der sich nicht an der Plünderung Trojas beteiligt hat, genießt eine sichere und schnelle Heimreise. Schließlich geht er fort, um die Kolonie Metapontum in Süditalien zu gründen.

Als Diomedes nach Hause kommt, findet er heraus, dass seine Frau ohne ihn weitergezogen ist, so entschließt er sich, eine Kolonie in Süditalien zu gründen.

Philoktetes tritt ebenfalls dem Italienklub bei, wo er ein Heiligtum für Apollo den Wanderer gründet, dem er den Bogen des Herakles widmet, den er seit seiner Verletzung und Aussetzung getragen hat.

Neoptolemos kehrt mit Andromache nach Phthia zurück, wo er seinem Großvater Peleus als König folgt. Das Paar hat ein Kind namens Molossus, und seine Abstammung soll auf Alexander den Großen von Mazedonien zurückgeführt werden können. Die makedonischen Könige behaupten ebenfalls, von Herakles abzustammen, aber es ist wahrscheinlich aufrichtig zu sagen, dass es ihnen eigentlich nur darum ging, ihre Familie mit einem fast unbesiegbaren Halbgott zu verbinden, *welcher auch immer das sein mochte.*

Ajax dem Kleinen ergeht es jedoch nicht gut und er wird auf seiner Heimreise von den Göttern als Vergeltung für die Zerstörung des Apollotempels und die Vergewaltigung der Priesterinnen frühzeitig getötet. Die Götter sind mit ihrer Einschätzung, wann Dinge wie Brandstiftung, Vergewaltigung, Sklaverei und Mord in Ordnung sind, sehr inkonsistent. Im Grunde mögen sie Ajax einfach nicht.

TEIL DREI:
DIE WIRKUNG DES
TROJANISCHEN KRIEGS

Kapitel 10: Die Literatur: Antike griechische Autoren über den Trojanischen Krieg

Homers *Ilias* ist der älteste und vollständigste Bericht über die Ereignisse rund um den Trojanischen Krieg, und seine *Odyssee* konkretisiert einige der Ereignisse nach der Beerdigung Hektors. Tatsächlich gehören diese beiden Bücher zu den ältesten Texten der Welt, die noch heute gelesen werden. So alt sie auch sind, sie wurden erst zwischen vier und fünfhundert Jahren nach den Ereignissen des Trojanischen Krieges geschrieben, eine Periode, die ein dunkles Zeitalter der griechischen Geschichte darstellt.

Die Texte oder Informationen, die bis zu Homer gelangten, wurden durch eine Kombination aus mündlicher Überlieferung und einigen verstreuten Aufzeichnungen überliefert. Homer selbst lebte in Anatolien, näher beim antiken Troja als beim antiken Mykene, Athen oder Sparta. Dies mag sowohl der Grund für das scheinbare Mitgefühl für einen Feind der Griechen in seinen Gedichten sein als auch für einen besseren Zugang zu Informationen über die Ereignisse nach mehreren hundert Jahren. Die *Ilias* und die *Odyssee* waren jedoch keine vollständigen Berichte über den Konflikt.

Die *Ilias* ist besonders dürftig und umfasst weniger als zwei Monate des zehnjährigen Krieges. Zu einem bestimmten Zeitpunkt gab es den Epischen Zyklus, der die gesamte Geschichte von Anfang bis Ende in epischen daktylischen Hexametern darstellte. Diese epischen Gedichte waren *Cypria, Ilias, Aethiopis*, die *Kleine Ilias*, die *Plünderung Trojas, die Rückkehr von Troja, Odyssee* und *Telegonie*. Die Fragmente, die aus den anderen Büchern des Epischen Zyklus überliefert sind, sind meist Zeilen, die an anderer Stelle zitiert wurden, meist von späteren griechischen Historikern. Die Originalwerke selbst gingen verloren.

Cypria

Cypria wurde entweder von Homer, Stasinos von Zypern, Hegesinus von Salamis oder Cyprias von Halikarnassos geschrieben. Fünfzig verstreute Zeilen sind erhalten und erzählen von den ersten Ereignissen, die zum Trojanischen Krieg führten. Sie beschreiben den Plan des Zeus, die Welt von seinen Halbgottkindern zu reinigen, das Urteil des Paris, die Sammlung der achäischen Streitkräfte und die Prophezeiungen des Kalchas in Aulis, den Tod des Protesilaos durch die Hand Hektors und den griechischen Gesandten, der die Rückkehr Helenas und den von Paris geraubten Schatz aushandeln soll.

Die *Ilias* (siehe dazu Kapitel 6)

Aithiopis

Das dritte Gedicht des Epischen Zyklus stammt von Arktinos von Milet und beginnt nach Achilles Sieg über Hektor. *Aithiopis* erzählt die Geschichte der andauernden Herausforderungen des achäischen Helden und seines unersättlichen Verlangens, sich als der größte Krieger der Welt zu beweisen. Zumindest ist das die Vermutung, die die spärlichen fünf überlieferten Zeilen nahelegen, die über seine Schlachten mit Penthesilea und Memnon berichten.

Die Kleine Ilias

Dieses Epos wird entweder Homer, Lesches von Pyrrha, Kinaithon von Sparta oder Diodorus von Erythrae zugeschrieben. Dreißig Zeilen des Originaltextes sind erhalten, und obwohl er nicht zitiert wird, wird er in vielen weiteren Texten erwähnt, was ihn zu einem der besser verstandenen Werke des Epischen Zyklus macht.

Es erzählt vom Streit zwischen Odysseus und Ajax um Achilles' Rüstung, von den Prophezeiungen des Helenus nach seiner Gefangennahme, von Eindringen Odysseus' und Diomedes' in Troja, um das Palladion zu bergen, von der Konstruktion des Trojanischen Pferdes durch Epeius und vom Auftauchen der achäischen Soldaten in den Mauern Trojas. Da dieses Werk oft als Referenz angegeben, aber nicht immer zitiert wird, gibt es viele Diskrepanzen und Widersprüche, ohne dass sich eine einzige definitive Version aus den abgeleiteten Texten ergibt. Die Prophezeiung des Helenus, dass die Achäer Philoktetes von Lemnos zurückholen müssen, um den Krieg zu gewinnen, wird in einigen Texten Kalchas zugeschrieben. Die Ankunft Philoktetes und der Tod des Paris zu einem früheren Zeitpunkt in der Geschichte lässt dem trojanischen Seher nur drei Prophezeiungen für die Achäer.

Die Plünderung Trojas

Die Plünderung Trojas von Arktinos von Milet springt in der Abfolge der Ereignisse etwas zurück und beginnt damit, dass die Trojaner das Trojanische Pferd am Strand entdecken und debattieren, was damit zu tun ist. Der Tod von Laokoon und seinen Söhnen, die Flucht des Aeneas und seiner Gruppe und die Schicksale der trojanischen Königsfamilie in den Händen der achäischen Eroberer. Nur zehn Zeilen sind erhalten, was dies zu einem der schmalsten Überbleibsel des Epischen Zyklus macht.

Die Rückkehr aus Troja

Dieses Epos wurde entweder von Homer, Eumelos von Korinth, oder Hagias von Troizen geschrieben und nur fünfeinhalb Zeilen sind von diesem Beitrag zur Geschichte übriggeblieben. Mehr lässt sich aus anderen Texten ableiten, die es nicht direkt zitieren, und sein Inhalt erzählt von den Geschichten der meisten Achäer nach dem Krieg (mit Ausnahme von Odysseus, der sein eigenes Buch erhielt). Die italienischen Kolonien von Nestor, Diomedes und Philoktetes werden ebenso erwähnt wie die Ermordung von Agamemnon und Kassandra durch Aigisthos und Klytämnestra.

Odyssee (siehe Kapitel 9)

Telegonie

Der letzte Teil des Epischen Zyklus ist die *Telegonie* von Kinaithon von Sparta, und sie bildet einen seltsamen Abschluss. Es beginnt damit, dass Odysseus und Telemachos die Leichen der getöteten Freier begraben. Die Geschichte richtet ihren Fokus jedoch auf einen Sohn, den seine Geliebte Circe gebar, nachdem er mit seiner Mannschaft ihre Insel verlassen hat. Sein Sohn Telegonos verlässt die Insel, nachdem er erwachsen geworden ist, und landet unwissentlich auf Ithaka, als ein Sturm sein Schiff vom Kurs abbringt. Da er nicht weiß, dass er im Land seines Vaters ist, fängt er an, Vieh zu stehlen und zu schlachten, um es zu essen. Ein betagter Odysseus kommt herbei, um sein Eigentum zu verteidigen und wird von Telegonos in einem Kampf getötet. Telegonos und Odysseus erkennen einander in seinen letzten Momenten, und er beklagt, was er getan hat.

Telegonos findet daraufhin Penelope und seinen Halbbruder, Telemachos, und kehrt auf Circes Insel zurück. Telegonos heiratet Penelope, Telemachos heiratet Circe, und Circe macht sie alle unsterblich. Odysseus stirbt als Sterblicher, während seine Familie ewig lebt.

Im klassischen Zeitalter Athens trugen griechische Dramatiker auch zur wachsenden Kakophonie heroischer, aber oft widersprüchlicher Darstellungen des damals fast tausend Jahre alten Krieges bei. Ein Theaterstück über dem Trojanischen Krieg war für die Athener der Klassik wie ein Film über Robin Hood für ein modernes Publikum. Dennoch waren sie von den Charakteren fasziniert, die sich im Laufe der Zeit zu immer komplexeren und weniger brutalen Charakteren wandelten. Die drei wichtigsten Dramatiker, deren Werke überliefert sind, sind Aischylos, Sophokles und Euripides.

Aischylos und die Orestie

Aischylos gilt als der Vater der griechischen Tragödie, obwohl nur sieben seiner etwa siebzig bis neunzig Stücke dem Zahn der Zeit entgingen. Obwohl der größte Teil seines Werkes verloren gegangen ist, stellen drei der sieben erhaltenen Stücke eine Trilogie über die Spätzeit des Hauses Atreus dar.

Sein Stück *Agamemnon* beginnt mit der Rückkehr der Titelfigur aus dem Trojanischen Krieg nach Hause. Agamemnon wird jedoch meist durch die Augen anderer Figuren gesehen. Die Stadtbewohner fürchten den Fluch auf dem Haus und sorgen sich wegen der Vergeltung für die Opferung Iphigenies. Seine Frau Klytämnestra ist entsetzt, dass er eine trojanische Konkubine mit nach Hause bringt. Kassandra sieht den Mord an Agamemnon und ihr selbst voraus, geht aber ihrem Schicksal entgegen, wohl wissend, dass ihr niemand glauben wird und es ihr nicht gelingen wird zu fliehen, selbst wenn sie es versucht.

Im nächsten Buch *Choephoren* (manchmal auch *Die Weihgussträgerinnen)* trifft Agamemnons Sohn Orestes seine Schwester Elektra am Grab ihres Vaters, um Rache an ihrer Mutter und Aigisthos zu planen, den sie zu ihrem neuen Ehemann genommen hat. Doch der letzte Teil, *Die Eumeniden*, beschreibt seine Schuld und die Qualen, die ihm von den Furien für die Tötung seiner Verwandten zugefügt wurden. Schließlich erhält Orestes für das, was er seiner Mutter angetan hat, Vergebung, und die Furien werden in *Die Eumeniden* oder *Die Gütigen* umbenannt.

Sophokles: Elektra, Ajax und Philoktetes

Während Sophokles vor allem für seine Tragödien *Ödipus Rex* und *Antigone* bekannt ist, trug er auch mit dreien seiner Stücke zur Legende des Trojanischen Krieges bei, die allerdings keine Trilogie darstellen. Sein Stück *Ajax* versucht, den Ruf von Ajax dem Großen und Odysseus zu retten, die beide nach Achilles Tod einige verwirrende Momente hatten. *Elektra* ist eine weitere Erzählung von *Choephoren*, in der sie und Orestes den Tod ihrer Mutter und Aigisthos inszenieren – aber nicht mit Orestes, sondern mit Elektra als Protagonistin.

In Sophokles' Version bringt sich Ajax nicht sofort um, nachdem Achilles' Rüstung Odysseus zugesprochen worden ist, sondern schwört Rache an Agamemnon und Menelaos, die beide gegen ihn gestimmt hatten. In seiner Wut nimmt er seine Waffen und seine eigene Rüstung und macht sich auf die Suche nach den niederträchtigen Brüdern, um sie zu töten. Athen trübt jedoch seine Sehkraft, so dass er stattdessen das Vieh und die Hirten der Griechen tötet. Als Ajax zur Besinnung kommt und erkennt, was er getan hat, treibt ihn die Scham zum Selbstmord. Während diese Version etwas genauer erklärt, was den Helden dazu gebracht hat, sich selbst aufzuspießen, ändert sich die Logik völlig. Im Original zieht er den Tod der Schande vor, die ihm durch das Urteil anderer gebracht wird. In dieser Version entscheidet er sich jedoch für den Tod, anstatt sich mit der Schande zu befassen, die selbst er über sich gebracht hat. Odysseus seinerseits plädiert für eine angemessene Beerdigung von Ajax, obwohl Agamemnon und Menelaos dem nur widerwillig zustimmen. Schließlich beginnt Philoktetes damit, dass Odysseus und Neoptolemos (statt Diomedes) nach Lemnos gehen, um den verwundeten Bogenschützen nach Troja zu bringen. Odysseus und Neoptolemos erwägen, nur Pfeil und Bogen mitzunehmen und Philoktetes dort zu lassen, aber Philoktetes sträubt sich mitzukommen, nachdem er erfahren hat, dass die Prophezeiung seine Rückkehr erforderlich macht, damit die Achäer siegreich sein werden.

Euripides' neun Dramen

Euripides war der Letzte der großen Dramatiker der klassischen Epoche, und er schrieb am ausführlichsten von den Dreien über den Trojanischen Krieg. Seine neun erhaltenen Theaterstücke über den Krieg sind *Andromache* (die Gattin Hektors), *Hekuba* (die Gattin von König Priamos während des Trojanischen Krieges), *Zyklop*, *Elektra* (die Tochter von König Agamemnon und Königin Klytämnestra von Mykene), *Die Troerinnen*, *Iphigenie bei den Taurern*, *Helena*, *Orestes* und *Iphigenie in Aulis*.

Andromache

Im Palast des Neoptolemos trifft Orestes seinen Freund Pylades. Neoptolemos beschützt Astyanax, um sich Andromaches Gunst zu sichern. Orestes, der in Hermione verliebt ist, stellt eine Bitte an Neoptolemos, der diese jedoch abweist. Aber seine Zurückweisung geschieht aus Liebe zu Andromache. Hermione will zu König Menelaos, ihrem Vater, zurückkehren.

Aber es geht noch weiter ...

Neoptolemos ist wütend über Andromaches Kälte und gibt Orestes nach. Wütend über den Verlauf der Ereignisse organisiert Orestes die Entführung von Hermione. Nachdem es ihr nicht gelingt, Hermione davon zu überzeugen, ihren Sohn zu retten, wendet sich Andromache an Neoptolemos, der sie als Gegenleistung für seinen Schutz heiratet.

Andromache beschließt, Neoptolemos nachzugeben, nachdem sie Hektors Geist an dessen Grab befragt hat, bereitet sich aber darauf vor, sich unmittelbar nach der Hochzeit umzubringen. Hermione verlangt, dass Orestes Neoptolemos vor dem Altar tötet, als Vergeltung für dessen Ablehnung. Hermione ist nach Neoptolemos' Weggang zwischen Liebe und Hass hin- und hergerissen. Als Cleone, ihre Vertraute, ihr von Neoptolemos' verletzendem Glück bei der Hochzeitszeremonie erzählt, siegt der Groll. Als sie Orestes erzählen hört, wie die Griechen sie gerächt haben, indem sie Neoptolemos am Altar getötet haben, verflucht sie ihn und ersticht sich selbst in Gestalt des Neoptolemos. Orestes wird von Verzweiflung überwältigt und verfällt dem Wahnsinn.

(Ihrem Ruf getreu liest sich die griechische und römische Mythologie wie die Episoden der US-Fernsehserie SOAP aus den späten 70er Jahren.)

Hekuba

Die Griechen haben Troja erobert. Die Frauen von Troja werden unter den achäischen Siegern aufgeteilt, aber sie sind nach Hause zurückgekehrt. Starke Winde halten die griechische Flotte auf. Der Geist des Achilles verlangt, dass Polyxena, die Tochter von Hekuba und Priamos, dem Herrscher von Troja, geopfert wird. Odysseus, der griechische Held, kommt, um sie zu entführen. Er ist unbeeindruckt von Hekubas Angst oder ihrer Ermahnung, dass er ihr einst sein Leben verdankte. Polyxena hingegen würde lieber sterben, als versklavt zu werden, und sie akzeptiert ihr Schicksal. Hekuba ist wieder einmal die Leidtragende, als sie sich auf die Beerdigung vorbereitet. Polydoros, ihr jüngster Sohn, ist mit einem Anteil von Priamos' Vermögen zu Polymestor, dem Herrscher der thrakischen Chersones (wo heute die griechische Flotte stationiert ist) geschickt worden.

Als Troja fällt, ermordet Polymestor den Jungen Polydoros und wirft seinen Körper ins Meer, um den Schatz für sich zu behalten. Er wird gewaschen und zu Hekuba gebracht. Auf der Suche nach Vergeltung wendet sie sich an Agamemnon, den griechischen König, aber er ist trotz seines Mitgefühls vorsichtig. Hekuba nimmt die Sache selbst in die Hand und sucht Rache. Polymestor und seine Söhne werden in ihr Zelt gelockt, wo ihre Diener ihm die Augen aufschlitzen und seine Söhne ermorden. Agamemnon schickt den geblendeten König auf eine einsame Insel und prophezeit, dass Hekuba sich für das, was sie getan hat, in einen Hund verwandeln wird.

Die Zyklopen

Dies ist eine vertraute Interpretation der verbreiteteren Version von Odysseus' Begegnung mit dem Zyklopen in der *Odyssee*. Hier besucht Odysseus seinen Freund Silenos auf dem Ätna auf Sizilien und bietet ihm im Tausch gegen seinen Wein Essen an. Als dionysischer Diener kann Silenos nicht umhin, den Wein zu beschaffen, obwohl ihm das Essen nicht schmeckt. Kurz darauf erscheint ein Zyklop und Silenos beschuldigt Odysseus, das Essen verzehrt zu haben, und schwört den Göttern und den dabeistehenden Satyrn, dass er die Wahrheit sage.

Der Zyklop nimmt Odysseus und seine Mannschaft nach einem Streit in seine Höhle mit und verzehrt einige von ihnen. Odysseus entkommt und ist erstaunt über das, was er sieht. Er entwirft einen Plan, um den Zyklopen betrunken zu machen und ihm dann, während er nicht bei Sinnen ist, mit einem großen Schürhaken das Auge auszubrennen.

Als der Zyklop betrunken ist, behauptet er, Götter zu sehen und beginnt, Silenos als Ganymed zu bezeichnen. Der Zyklop entführt Silenos und bringt ihn in seine Höhle, und Odysseus beginnt die nächste Phase seines Plans. Odysseus holt sich die Hilfe der Satyrn, die dem Zyklopen das Auge ausbrennen. Sein Name sei „Niemand", wie er den Zyklopen zuvor mitgeteilt hat. Infolgedessen klingt die Klage des Zyklopen, wer ihn geblendet hat, wie: „Niemand hat mich geblendet."

<u>Die Troerinnen</u>

Dieses Stück ist eine der bewegendsten Tragödien des Euripides und zeigt die Notlage der trojanischen Frauen, nachdem ihre Männer abgeschlachtet wurden und sie den achäischen Siegern ausgeliefert sind. Sie warten auf ihr Schicksal, traurig und besorgt. Der Herold Talthybios verkündet, dass sie unter den Siegern aufgeteilt werden. Die trojanische Königin Hekuba wird dem verachteten Odysseus in die Hände fallen, ihre Tochter Kassandra wird Agamemnon übergeben und ihre Tochter Polyxena wird auf Achilles' Grab erschlagen.

Kassandra, die tragische Gestalt, erscheint. Als Prophetin kündigt sie den Untergang des Eroberers an, doch wie üblich hört ihr niemand zu oder glaubt ihr. Andromache kommt mit ihrem Sohn Astyanax, um die Siegesbeute von Achilles' Sohn Neoptolemos zu werden. Talthybios taucht wieder auf, um Astyanax zu entführen, der von den Griechen zum Tode verurteilt wird.

Als Nächstes treffen sich Menelaos und Helena. Menelaos ist eifrig darauf bedacht, sie zu vernichten, und Hekuba schürt seinen Hass. Auf der anderen Seite vertritt Helena ihren Standpunkt, und ihre Versöhnung wird angedeutet, als Helena und Menelaos abgehen. Talthybios taucht mit Astyanax' gebrochenem Körper wieder auf und Hekuba bereitet die Beerdigung vor. Troja wird angezündet und die Türme der Stadt stürzen zusammen, als die Frauen sich in die Sklaverei begeben.

<u>Iphigenie bei den Tauern</u>

Als Iphigenie in Aulis geopfert werden sollt greift Artemis ein und ersetzt sie durch ein Reh auf dem Altar, rettet sie und bringt sie nach Tauris. Dort wird sie Priesterin im Tempel der Artemis, wo sie Ausländer, die an den Küsten des Königs Thoas landen, rituell opfern muss.

Iphigenie verachtet ihre erzwungene religiöse Sklaverei in Tauris und will ihrer Familie unbedingt mitteilen, dass sie noch lebt. Außerdem hat sie eine Vorahnung, dass ihr Bruder Orestes gestorben ist. In der Zwischenzeit hat Orestes seine Mutter, Klytämnestra, ermordet und ist wird von den Furien gequält. Obwohl er in Athen für nicht schuldig befunden wurde, wird er von einigen Furien weiterhin gejagt. Daraufhin befiehlt ihm Apollo, eine heilige Statue der Artemis an Athen zurückzugeben, woraufhin er von den Furien befreit werden würde. Wie es dort üblich ist, wird er von den taurischen Wachen verhaftet und in den Tempel gebracht, wo er hingerichtet werden soll.

Orestes und Iphigenie erkennen einander und sind glücklich. Iphigenie überlistet König Thoas, Orestes am Leben zu lassen, indem sie ihm erzählt, dass der Muttermord ihres Bruders die Artemis-Statue besudelt habe. Sie schlägt vor, sie beide gehen zu lassen, da sie sich selbst in Schande gebracht und auch durch ihre Familie Schande erlitten habe. Sie fliehen noch während König Thoas seine Entscheidung überdenkt und nehmen die Statue mit. Thoas verspricht, die Flüchtlinge aufzuspüren und zu töten, doch Athene greift ein und ermöglicht ihnen die Flucht.

Helena

Helena ist in dieser alternativen Geschichte nie mit Paris nach Troja geflohen, sondern wird nach Ägypten verschleppt, wo König Proteus sie beschützt. Nach Proeteus' Tod plant sein Sohn Theoklymenos, Helena zu heiraten, die ihrem Mann Menelaos treu geblieben ist. Als die Nachricht Ägypten erreicht, dass Menelaos ertrunken sei, wird Helena zum Heiratsobjekt. Um sicher zu sein, besucht sie die Schwester des Königs, eine Seherin namens Theonoe. Sie erfährt, dass Menelaos überlebt hat und bald ein Fremder nach Ägypten kommen werde. Es stellt sich heraus, dass dieser Fremde kein Geringerer als Menelaos selbst ist! Da sie einen Ausweg aus Ägypten finden muss, sagt sie König Theoklymenos, Menelaos sei tatsächlich tot und sie müsse ein Begräbnis auf See durchführen, um erneut heiraten zu können. Menelaos, noch verkleidet, schleicht sich mit ihr ins Boot und sie fliehen zurück nach Griechenland.

Elektra

In Euripides' Erzählung von Elektra heiratet sie einen Bauern, weil sie befürchtet, dass ihre Kinder eines Tages versuchen werden, Agamemnons Tod zu rächen, wenn sie im königlichen Haus bleibt und einen Adligen heiratet. Elektra ärgerte sich über ihr Exil und die Hingabe ihrer Mutter an Aigisthos, trotz seiner Freundlichkeit zu ihr. Orestes, der Sohn von Agamemnon und Klytämnestra, wird ins Exil zum König von Phokis geschickt, wo er sich mit dessen Sohn Pylades anfreundet.

Als sie erwachsen sind, kehren Orestes und Pylades auf der Suche nach Rache nach Mykene zurück und finden Elektra und ihren Mann. Ein Diener erkennt Orestes an einer Narbe, obwohl er versucht, seine Identität zu verbergen, um Informationen zu erhalten. Elektra stimmt zu, ihrem Bruder auf seiner Rachemission zu helfen. Sie beschließen, Klytämnestra aus dem Haus zu locken, damit Orestes Aigisthos töten kann. Nachdem sie dies getan haben, streiten sie über die Entscheidung, ihre Mutter zu töten. In dieser Version töten Orestes und Elektra ihre Mutter gemeinsam und werden sofort von Schuldgefühlen übermannt. Schatten erscheinen, um ihnen zu sagen, dass, obwohl ihre Mutter ihren Tod verdient hat, sie dennoch eine schändliche Tat begangen haben, für die sie büßen müssen.

Orestes

Orestes und Elektra sind nach der Ermordung von Klytämnestra auf der Suche nach Menelaos' Schutz nach Sparta geflohen. Helena verlässt den Palast unter dem Vorwand, am Grab ihrer Schwester Klytämnestra ein Opfer darbringen zu wollen und Apollo für das Unglück des Hauses Atreus verantwortlich zu machen. Orestes erwacht, nachdem Helena gegangen ist, noch geplagt von den Furien. Als Menelaos im Palast eintrifft, unterhält er sich mit Orestes über den Mord und die Qualen, die sie seither heimsuchen. Tyndareos, Orestes' Großvater und Menelaos' Schwiegervater kommen und diskutieren die Einmischung der Menschheit in die göttliche Gerechtigkeit.

Später verteidigen Orestes und Pylades ihren Fall vor der Stadtversammlung, aber Orestes und Elektra werden zum Tode verurteilt. In einer interessanten Wendung beschließen sie, sich gegen Menelaos, Helena und Hermione zu verschwören, von denen sie glauben, sie hätten ihnen Unrecht getan. Helena löst sich in Luft auf, als die Geschwister sie töten wollen, also ziehen sie weiter zu Hermione. Menelaos kommt gerade noch rechtzeitig, und bevor noch mehr Blut vergossen werden kann, erscheint Apollo, um Menelaos mitzuteilen, dass Helena ihren Platz inmitten der Sterne eingenommen habe und dass Orestes in Athen vor Gericht gestellt werden müsse. Er versichert

Orestes, er werde freigesprochen und Hermione heiraten.

Iphigenie in Aulis

Das Stück beginnt damit, dass Agamemnon bereits zugestimmt hat, seine Tochter Iphigenie zu opfern, um Artemis zu besänftigen, aber er beginnt zu zweifeln. Er versucht, ihr einen Brief zu schicken, in dem er ihr mitteilt, sie solle umkehren und nach Mykene zurückkehre, aber Menelaos fängt ihn ab, bevor er sie erreicht, und gerät in einen heftigen Streit mit seinem Bruder über dessen Meinungsänderung.

Merkwürdigerweise gelingt es jedem Bruder, die Meinung des anderen zu ändern, und sie wechseln die Seiten! Menelaos zieht es nun vor, die achäischen Streitkräfte aufzulösen und die Wiedererlangung seiner Frau aufzugeben anstatt seine unschuldige Nichte sterben zu sehen, und Agamemnon bestärkt seinen Entschluss, dass das Opfer schmerzhaft, aber notwendig für ihre Sache ist. Immer noch zerstritten, vermag keiner von ihnen Klytämnestra aufzufordern, umzukehren, so dass sie im Lager in dem Glauben ankommen, dass Iphigenie dorthin komme, um Achilles zu heiraten. Diese List ist kurzlebig und dient in erster Linie dazu, Achilles zu erzürnen. Als Agamemnons Frau und Tochter die Wahrheit erfahren, sind sie entsetzt und streiten mit Agamemnon, der inzwischen vollkommen davon überzeugt ist, dass er das Richtige tut. Achilles ist bereit, Iphigenie zu verteidigen, aber das Mädchen willigt ein, geopfert zu werden, als es sieht, wie es die achäische Armee belastet, dass sie ohne Wind dort bleiben muss und nicht nach Troja segeln kann. Im allerletzten Moment lässt Artemis Gnade walten und tauscht das Mädchen gegen ein Reh aus.

Ja, diese Versionen sind sehr unterschiedlich - aber so ist die Mythologie. Durch Generationen des Erzählens und Wiedererzählens - verbunden mit kulturellen Veränderungen, die eine Veränderung des Narrativs erfordern - werden diese Geschichten zu einem Frankenstein. Hier und da werden Teile ausgetauscht und gelegentlich ein völlig fremdes Element hinzugefügt. Und obwohl man vielen nur schwer folgen kann, sind die durchschlagenden Themen die der Verschwörung, der Rache, der Flucht und der Vergebung.

Kapitel 11: Die Legende: Wie die antiken Griechen den Trojanischen Krieg betrachteten

Dieses Kapitel behandelt die Zeit, in der die *Ilias* und die *Odyssee* geschrieben wurden, wie sie von Generation zu Generation weitergegeben wurden, was die Griechen der Antike über den Krieg dachten (ob er nun ein Mythos war oder nicht) und *wann er laut den antiken Gelehrten* stattfand.

Eine umfangreiche Debatte tobt noch über die Abgrenzungen, die Historiker und Gelehrte zwischen der Geschichte, Religion und der puren Unterhaltung in diesen Geschichten ziehen. Aber was ist mit den Griechen selbst? Wie viel Glauben haben sie ihren eigenen Geschichten geschenkt, und wie viel – wenn überhaupt – haben sie augenzwinkernd als Ausschmückung abgetan?

Auf diese Frage gibt es natürlich nicht nur eine richtige Antwort.

Wie die Menschen heute waren die alten Griechen keine monolithische Gruppe. Die Mythen der antiken Griechen waren fest in ihrer Kultur verankert. Während viele die Geschichten wörtlich nahmen, schätzten andere sie für ihren Gebrauch von Metaphern, Poesie und Pointen. Für die Griechen, die zur Zeit Homers lebten, oder in der klassischen Epoche Athens oder im Reich Alexanders des Großen, lag der Trojanische Krieg lange zurück. Die Stadt Troja war verschwunden, und die achäischen Griechen hatten wenig Ähnlichkeit mit der modernen griechischen Kultur. Wie die Dramen von Aischylos, Sophokles und Euripides zeigen, bestand ein großer Teil der Feinarbeit an den Geschichten darin, die Charaktere menschlicher zu gestalten und sie stärker mit Werten aus dem 5. Jahrhundert v.u.Z. in Einklang zu bringen.

Also wird die Frage komplizierter: nicht nur: „Haben die Griechen ihre Geschichten wörtlich genommen?", sondern auch: „Welchen Versionen ihrer Mythen wurde am meisten und am wenigsten Glauben geschenkt, und wie hat sich das im Laufe der Zeit verändert?" Es gibt vielleicht einen besseren Weg, diese Frage indirekt anzugehen, und zwar zu fragen: „Was dachten die Griechen über ihre Helden?" Das ist eine weitaus aussagekräftigere und viel eher zu beantwortende Frage.

Schließlich ist es nicht unklug, Leute zu fragen, was sie über Lukes Reise in Star Wars denken oder darüber zu debattieren, was Thor und Steve Rogers in der Avengers-Reihe „würdig" macht. Sie spiegeln Werte wider und diese Werte lassen Historiker ganz wörtlich in die Köpfe der alten Griechen schauen. Die griechischen Mythen über den Trojanischen Krieg waren wie ein Gespräch, das alle miteinander führen konnte; nicht wie eine Sprache, sondern wie ein Bewusstsein.

Also lassen Sie uns tief in ein paar der Charaktere (oder historischen Figuren – wenn Sie dieser Ansicht sind) eintauchen.

Unabhängig davon, welchen Charakter man betrachtet, wichtig ist, dass sie für die alten Griechen *Archetypen* darstellten. Achilles, Odysseus, Hektor, Agamemnon und Helena standen alle *für etwas*, worüber sie sich mehr oder weniger einig waren, auch wenn dieses „Etwas" sich im Laufe der Zeit weiterentwickelte. Ihre Geschichten handeln von vielen Dingen, aber sie drehen sich auch um die Darstellung eines Ideals durch die Figur, deren eigene Natur oft auf Nachsicht hoffen kann, aber letztlich ihrem Untergang nicht entkommt.

Achilles

Achilles war eindeutig alles, was ein bronzezeitlicher Grieche sein sollte und ist daher der archetypische Kriegsheld. Er war stark, schnell und kampftauglich. Obwohl er nicht übermäßig intelligent war, war er keine Bestie und blieb während des Trojanischen Krieges sein eigener Herr, befehligte seine eigenen Myrmidonen und behauptete oft seine Unabhängigkeit, was Agamemnon und andere griechische Führer veranlasste, ihn ständig auf dem Schlachtfeld zu umwerben.

Er sah auch gut aus und hatte einen ausgeprägten Gerechtigkeitssinn. Manchmal zeigte sich dieser in Form traditioneller Fairness, wie wenn er bereit war, Iphigenie vor ihrem erzwungenen Opfer zu schützen. Manchmal aber erschien er jedoch auch in Form von äußerster Wut und irrationalem Gerechtigkeitssinn, was sich zeigte, als er nicht nur den Tod Hektors durch eigene Hand verlangte, sondern auch dessen ewige Demütigung für die Ermordung seines lebenslangen Gefährten Patroklos. Dem Leser ist bewusst, dass Hektor wenig Unrecht getan hat, als er Patroklos im Kampf niederschlug, aber dennoch ist die Rache des Achilles schrecklich. Dies markiert einen der weniger diskutierten Aspekte des archetypischen Helden: *er bringt die Menschen dazu, Ausnahmen für sie zu machen.*

Die Taten des Achilles schmälerten seinen Stand weder in den griechischen noch in den modernen Köpfen. Vor allem die Griechen kannten das Ende der Geschichte und ließen ihren idyllischen Krieger nicht im Stich, als er Hektor hinter seinen Wagen herschleppte und seinen Körper den Hunden überließ. Sein Status sank übrigens auch nicht, als er den Göttern beiläufig Menschen opferte, wie er es nach dem Tod des Patroklos tat, oder einheimische Frauen entführte und vergewaltigte, wie er es zu Beginn der *Ilias* tat.

Agamemnon wurde für diese Dinge zur Rechenschaft gezogen. Tatsächlich sind die Opferung der Iphigenie und die Entführung der Kassandra als Konkubine die beiden Hauptgründe, warum sich Klytämnestra in Aischylos' Orestie-Trilogie gegen ihn wandte. Immer wieder wird in den Erzählungen Achilles' Arroganz von Homer als „groß in seiner Größe" erklärt. Dies ist sowohl eine ausgefallene Art zu sagen, dass er ein Archetyp für Größe ist, als auch ein Hinweis auf den letzten Aspekt, der seinen Archetyp vervollständigt: seinen Untergang.

Obwohl er der einzige Mensch in der Geschichte war, der buchstäblich eine Achillesferse hatte (ein Ausdruck, der heute synonym für die Schwäche oder den Niedergang einer Person verwendet wird), war diese kleine, unbekannte Verwundbarkeit nicht das, was ihn wirklich umbrachte. Damit Charaktere wie Achilles im kollektiven Bewusstsein bleiben, muss es einen sich schließenden Kreis geben. Mit anderen Worten, wenn er wegen seiner Größe groß ist, muss seine Größe ihn auch zerstören. Dieser Aspekt der Geschichte macht Achilles' Geschichte unvergesslich.

Er wurde vor die Wahl gestellt, der größte Krieger der Welt zu sein, aber jung zu sterben oder ein langes, glückliches Leben zu führen, und vergessen zu werden. Auch erhielt er immer wieder die Möglichkeit, sich anders zu entscheiden – selbst, nachdem er seine ursprüngliche Entscheidung getroffen hatte, Größe und Tod im Trojanischen Krieg zu begegnen.

In den griechischen Mythen sind Prophezeiungen typischerweise Gesetz, aber Achilles' Situation ist insofern einzigartig, als er im Wesentlichen zwei Prophezeiungen erhält, zwischen denen er wählen muss. Die Debatte darüber, ob er aufgrund seiner Natur wirklich eine Wahl hatte, mag noch weitergehen, aber es bleibt eine erzählerische Wahl, die nicht typisch für das Genre ist. Seine Duelle mit Penthesilea und Memnon – nachdem er Hektor getötet hatte – zeigen, dass der Beweis seiner Größe gegen Ende seines Lebens für ihn eher eine Besessenheit oder ein Zwang geworden ist als eine Tugend.

Nachdem er seine Entscheidung getroffen hat, ein Krieger zu sein, wird er zum Sklaven dieser Entscheidung. Selbst als er erneut vor seinem bevorstehenden Tod gewarnt wird, entscheidet er sich dafür, Memnon zu bekämpfen und zu töten. Natürlich kann der große Kriegerheld nicht sterben, indem er im Kampf besiegt wird, und so kommt sein lang vorhergesagter Tod durch die Hand eines Attentäters, nämlich Paris. Außerdem brauchte Paris Gift an seinem Pfeil und die Führung Apollos, um Achilles auf eine Weise zu töten, auf die sich Achilles nicht vorbereiten konnte, da er von seiner Schwäche nichts wusste. Indem er auf diese Art starb, wurde alles, was er war, bewahrt.

Odysseus

Der Held am Ende des Krieges ist zweifellos Odysseus. Obwohl er viele Eigenschaften anderer griechischer Helden besaß, wie Geschicklichkeit im Kampf, repräsentiert er einen anderen Archetypen: den Außenseiter. Indem er seine Klugheit und seine Gedankenschnelligkeit zu seinem wirkungsvollsten Charakterzug macht, wird er zu einem wichtigen Repräsentanten der Strategie (und oft auch der Rücksichtslosigkeit), die nötig war, um durch den Diebstahl des Trojanischen Palladions und die List mit dem Trojanischen Pferd siegreich zu sein.

Durch Odysseus erkannten die Griechen die Schwächen roher Kraft und konventioneller Sitten. Während die Pflicht Hektor zwang, seinen fast sicheren Tod im Einzelkampf zu erleiden, hat Odysseus keine

Skrupel vor Heimlichkeit, Hintertürchen und dem brutalen Mord an Hektors Kind. Während Ajax den Tod der Unehre vorzieht, als er in der Frage um Achilles' Rüstung übergangen wird, fühlt sich Odysseus mit unehrenhaftem Lügen und Betrug durchaus wohl, solange er gewinnt.

Schließlich stellt die Hinwendung von Achilles zu Odysseus eine andere Darstellung des Ruhms dar: die des Überlebens. Wo Achilles sterben musste, um groß zu sein, musste Odysseus leben. Seine Odyssee endet damit, dass er der einzige Überlebende der Reise nach Ithaka ist und Penelopes einsamer Freier bleibt.

Wie bereits erwähnt, liegen die Klugheit des Odysseus und sein Überlebensbedürfnis in seiner Natur, und vieles von seinem widerwärtigen Verhalten wird in diesem Zusammenhang vergeben. Seine Ermordung von Astyanax, dem Sohn von Hektor und Andromache, wird abgetan, weil sie die zukünftige Rache und einen weiteren Krieg gegen die Griechen verhindert. Seine vollständige Weigerung der Hilfe für Philoktetes (fast zweimal) auf Lemnos wurde ebenfalls vergeben, da er dies im Namen des griechischen Sieges und der Vorbeugung gegen Pest, vielleicht sogar gegen Aussatz, in den achäischen Heeren tat. Selbst der Tod seiner gesamten Crew ist gerechtfertigt, um sowohl ihre mangelnde Vorsicht als auch Odysseus' Überlebenstalent zu beweisen.

Wie Achilles wurde Odysseus nicht durch seine eigenen Stärken getötet, sondern durch eine unbekannte Schwäche. Die mangelnde Kenntnis über seinen Sohn führte zu einer Fehleinschätzung, wer - und wie gefährlich - der fremde Viehdieb war, den er in Ithaka traf. Nach einem ungeplanten konventionellen Kampf lange nach seiner körperlichen Blüte wurde Odysseus getötet.

Es ist auch bemerkenswert, dass Odysseus erst getötet werden konnte, als er sein Abenteurerdasein aufgab und sich niederließ. Mit anderen Worten, er starb, als er aufhörte, der zu sein, der er war. Wo Achilles einen symbolischen Tod durch Vergessenheit erfahren hätte, hätte er sich niederlassen wollen, begegnete Odysseus damit im wahrsten Sinne seinem Tod, womit die beiden homerischen Helden der *Ilias* und *Odyssee* ein weiteres Mal im Gegensatz zueinander stehen.

Hektor

Hektor ist der ehrenwerte Beschützer im Trojanischen Kriegsepos. Obwohl er fast die gleichen körperlichen Eigenschaften und Fähigkeiten wie Achilles besitzt, nutzt er sie zur Verteidigung seiner Familie und seines Volkes, nicht um Ruhm oder Erinnerung zu suchen. Dieser ehrenvolle Charakterzug zeigte sich zunächst in seiner Entscheidung, seinen Bruder Paris zu unterstützen, obwohl er ihn für einen Narren hielt und mit dem, was er getan hatte, nicht einverstanden war. Seine Stärke als Krieger wird durch diese Loyalität geschärft und gebündelt, was ihm die Kraft gibt, mit den Achäern ein Jahrzehnt lang um etwas zu kämpfen, worüber er sich mit ihnen einig war. So konnten sich Homer (und die Griechen, die sein Werk lasen) mit der feindlichen Seite der Schlacht identifizieren. Er machte sie nicht zu Gegenspielern, sondern zu kontrastierenden Archetypen.

Die *Ilias* und die *Odyssee* sind Geschichten, in denen es keine echten Gegenspieler gibt, außer Prophezeiungen und vielleicht den Göttern und Göttinnen. Daher konnten die Griechen ebenso hinter Hektor stehen und sich über die Prinzipien und den Ausgang des Krieges zugunsten der Achäer, ihrer eigenen Vorfahren, zerrissen fühlen. So konnte Hektor ein Rivale oder ehrenhafter Feind der griechischen Sache sein. Er vertrat viele ihrer eigenen Werte, nur dass er auf der anderen Seite der Mauer stand, anstatt ein Erzfeind zu sein, den sie als ihr Gegenspieler betrachteten.

Und genau wie bei seinem griechischen Gegenüber wurde im Namen seiner Loyalität und Ehre viel Gewalt verübt, die das Publikum wohlwollend übersehen sollte. Die Verteidigung der Taten seines Bruders, von denen er weiß, dass sie falsch sind, ist vielleicht seine grausamste Tat gegenüber der Stadt Troja. Im Grunde genommen möchte er eher ehrenhaft sein, als recht zu haben, und Hektors Charakter ist vielleicht der tragischste, weil er nicht nur zu seinem eigenen Untergang führt, sondern auch zum sinnlosen Tod von Tausenden. Er bekämpft die Achäer prinzipiell, was die beiden anderen Helden nie getan hätten.

Dieses Trio wetteifert also um die Krone, wer der „wahre" Held des Trojanischen Krieges ist, was für die Griechen der wichtigste Teil der Geschichten ist. Ob sie glaubten, Achilles sei ein Halbgott oder einfach nur ein unglaublich schneller und geschickter Krieger, ist weit weniger wichtig, als ob sie glaubten, dass er dadurch über Odysseus und Hektor stand.

In ähnlicher Weise zeigt die Tatsache, wem sie eher seine Fehler und schlechtes Verhalten nachsehen, den Archetypen, mit dem sie sich stärker identifizieren. Wenn Ungestüm und Eitelkeit bei jemandem übersehen werden können, der der Beste ist in dem, was er tut, dann neigt sich die Waagschale zugunsten von Achilles. Wenn Rücksichtslosigkeit und Betrug verziehen werden können, wenn sie von List und strategischer Planung begleitet werden, dann ist Odysseus der Protagonist der Wahl. Und wenn das Opfer und der Tod von vielen durch das Prinzip gerechtfertigt werden kann, für das man kämpft, dann ist Hektor die zentrale Figur der Sage. Es gibt auch andere wichtige Charaktere, die zwar nicht als die ultimativen Helden der Legende angesehen werden, aber dennoch wichtig für das Verständnis des altgriechischen Denkens über den Trojanischen Krieg sind.

Agamemnon

Der mächtigste Achäerkönig und Anführer der griechischen Heere im Trojanischen Krieg zählt nicht zu den zentralen Helden, ist aber im griechischen Denken immer noch prominent als Archetyp eines Herrschers und (abwesenden) Vaters. Auch der Fluch des Hauses Atreus, benannt nach seinem Vater und von seinem Urgroßvater begründet, wird durch Agamemnon weitergetragen. Tantalus, Pelops und Atreus werden als seine Vorfahren beschrieben, Orestes, Elektra und Iphigenie sind seine Kinder und machen ihn zu einer zentralen Gestalt in der Geschichte seiner Familie während des Trojanischen Krieges.

Als archetypischer Herrscher stellt er seine eigene Macht über seine Familie, was am besten durch seine Bereitschaft charakterisiert wird, Iphigenie zu opfern, selbst wenn er eine Weile schwankt. Diese Handlung war notwendig, damit die Achäer nach Troja segelten, und die Niederlage von Troja war notwendig, um Agamemnon und Mykene zum Hauptsitz der Macht in der Ägäis zu machen. All dies geschah auf Kosten seiner Familie und zeigt, dass der Fluch seines Hauses mit mangelnder Loyalität gegenüber der eigenen Familie zusammenhängt. Der Kreislauf von Mord und Rache unter den Verwandten ist es, was ihnen beständig Leid zufügt, und er endet erst, als sein Sohn Orestes trauert und um Vergebung für den Mord an seiner Mutter bittet.

Es war Agamemnons Natur, nach Macht streben, und obwohl er der Einzige seiner Sippe ist, der kein Mitglied seiner eigenen Familie tötet, war er gewiss bereit, dies zu tun, und er tat es symbolisch durch die Vernachlässigung seiner Familie und seine Abwesenheit. Er zeigt keinen Familiensinn in seinen Handlungen, ganz im Gegensatz zu Hektor, der den trojanischen Thron geerbt und der mächtigste Herrscher der Ägäis geworden wäre, wenn er seine Familie und sein Volk erfolgreich verteidigt hätte.

Agamemnon kehrt als Sieger nach Hause zurück, nur um getötet zu werden, als er den Höhepunkt seiner Macht erreicht. Obwohl Agamemnon den gleichen tragischen Fehler aufweist wie die anderen Helden, wird ihm vom Publikum nicht die gleiche Vergebung gewährt. Er wird oft so gesehen, dass er zu weit geht und seinen Ehrgeiz die Oberhand über sich gewinnen lässt und seine Geschichte ist eher eine warnende als eine, der man nacheifern oder die man bewundern sollte. Dieser Untergang hebt ihn vom heroischen Trio Achilles, Odysseus und Hektor ab.

Helena

Eine weitere warnende Geschichte ist die von Helena, obwohl sie von einer ganz anderen Art als die von Agamemnon ist. Ihre Geschichte beginnt in Sparta mit dem Gewinn des Wettbewerbs um ihre Hand durch Menelaos, die von ihrem Vater, König Tyndareos, gewährt wurde. Zu keinem Zeitpunkt entschied sie sich für Menelaos, obwohl viele Überarbeitungen ihrer Geschichte, wie die des Euripides, versuchen, sie ihrem ersten Mann gegenüber loyaler erscheinen zu lassen. Auch hat sie sich nicht für Paris entschieden, da sie ihm nicht von ihrem Vater, sondern von der Göttin Aphrodite, der Siegerin des Schönheitswettbewerbs, versprochen wurde. Um den „Preis" zu erzwingen, wurde Helena von einem magischen Pfeil des Eros (bei den Römern hieß er Amor) getroffen, damit sie mit Paris nach Troja fliehen konnte. Bei Helena ist die Interpretation sehr wichtig und divergierend, was sie zu einer der kontroversesten und rätselhaftesten Figuren des Epos macht. Wie die drei Helden verriet auch die Art, wie die Griechen Helena sahen, ihre eigenen Werte, genau wie in der heutigen Gesellschaft.

Für diejenigen, die glauben, dass Helena eine pflichtbewusste Ehefrau war, die von den Göttern manipuliert und verzaubert wurde, um sie zur Flucht zu bewegen und gegen ihre Natur zu handeln, repräsentiert sie den Jungschen Archetypus des „Jedermanns" (oder in diesem Fall der „Jedefrau"). Es ist nicht so sehr, dass sie einen eigenständigen Charakter hat, sondern dass sie dem Publikum einen Einstieg in die Geschichte und eine Rechtfertigung für den darauffolgenden Krieg gibt. Diese Interpretation wird durch die fortgesetzte Darstellung von Helena als Druckmittel gestützt, beginnend mit ihrer Verlobung mit Menelaos und danach in Troja, wo eine Gruppe von Männern sie als Eigentum ihres

Gatten (je nachdem, auf welcher Seite sie stehen) diskutieren und dann Entscheidungen für sie treffen. Es war nicht ihre Entscheidung, Menelaos zu heiraten, es war nicht ihre Entscheidung, sich in Paris zu verlieben, und es war nicht ihre Entscheidung, in Troja zu bleiben oder nach Sparta zurückzukehren.

Eine Darstellung der Helena.
Yair Haklai, CC BY-SA 3.0 <https://creativecommons.org/licenses/by-sa/3.0>, via Wikimedia Commons https://commons.wikimedia.org/wiki/File:Antonio_Canova-Helen_of_Troy-Victoria_and_Albert_Museum.jpg

Die zweite Deutung ist, dass Helena Menelaos heiratete, weil man es von ihr als Prinzessin von Sparta erwartete, dass sie sich aber wirklich in Paris verliebte und aus eigenem Antrieb beschloss, mit ihm fortzugehen. Diese Lesart macht Helena zum Archetypen der Liebenden, die vor allem Glück, Intimität und Erfahrung sucht. Unterstützt wird dies durch die Beschreibung von Helena als die schönste Frau der Welt, nicht als die pflichtbewussteste. Obwohl sie sicherlich beides sein könnte, liegt die Betonung auf Ersterem als ihrem wichtigsten Attribut und impliziert, dass sie die Schönheit und Intimität in anderen suchen würde, anstatt einfach das zu tun, was von ihr erwartet wurde. Die Tatsache, dass sie und Paris uneins sind, unterstützt diese Ansicht, da eine pflichtbewusste Ehefrau ihn unterstützt hätte, egal was in der antiken Ägäis geschah. Wegen eines Streits vergeht ihre Liebe zu Paris, was eher einer leidenschaftlichen Persönlichkeit entspricht und wahrscheinlicher ist als eine plötzliche nachlassende Magie der Götter. Dies würde ihren Sturz auch in Einklang mit dem der anderen Charaktere bringen. Wenn ihre leidenschaftliche Natur sie zur Flucht veranlasste, so würde dies wahrscheinlich auch zu Tod und Zerstörung führen, und ihre Rückkehr in eine lieblose und einengende Ehe mit Menelaos in Sparta wäre ein passendes tragisches Schicksal.

Eine abschließende Interpretation ihres Charakters ist führt zu der Erkenntnis, dass sie eine aktiv Handelnde in den Geschehnissen des Krieges spielt, die auf den Seiten beider Kriegsparteien agiert, um eine Verbesserung ihrer Situation herbeizuführen. In dieser Erzählung hätte sie den Archetyp des Magiers repräsentiert, die Art von Person, die Veränderung katalysiert und die Verbesserung ihrer Stellung aus eigener Initiative anstrebt. Ihre Verlobung war nicht unbedingt schlecht, zumal ihr Verlobter so etwas wie ein Dummkopf war – und die Verbindung ihr erlaubte, in Sparta zu bleiben.

Doch durch Paris' diplomatische Besuche in Sparta kam Helena irgendwann zu der Überzeugung, dass Troja vielversprechender für sie war. Sei es, weil sie glaubte, dass die Trojaner mächtiger seien, oder weil sie eine Möglichkeit sah, ihren Reichtum zu vergrößern, indem sie mit Spartas Vermögen auf den Schiffen nach Troja flüchtete, oder weil es mehr Gerechtigkeit für Frauen in Politik und Gesellschaft gab – oder *all das oben Gesagte*.

Diese Version schließt Liebe, Macht, Reichtum oder Gleichheit nicht als Motivation aus, erfordert aber einige Vermutungen über die trojanische Kultur. Letzteres ist besonders interessant, da Andromache als eine wertvolle Beraterin von Hektor angesehen wird und die Amazonen Zentralasiens prominent auf Augenhöhe mit ihren männlichen Kollegen als erbitterte Kriegerinnen auftreten. Dennoch sind es keine sehr abwegigen Vermutungen. Homer und die griechischen Dramatiker schrieben ihre Geschichten nach Hunderten von Jahren des dunklen Zeitalters, und selbst das klassische Griechenland in seinem goldenen Zeitalter war für Frauen nicht so golden. Es ist nicht schwer, sich vorzustellen, dass Helena ihr eigenes Wohl stärker im Blick hatte, als die späteren Griechen begreifen konnten.

Helena hätte sich an einem bestimmten Punkt des Krieges wieder auf die Seite der Achäer schlagen müssen, die für sie eine bessere Option darstellten. Der Tod von Hektor, Penthesilea und Memnon könnte der Anstoß für die Veränderung gewesen sein, was durch ihre Unterstützung von Odysseus bestätigt wird, als er und Diomedes die Stadt betraten, um das Palladion zu stehlen. Wenn der Diebstahl des Palladions symbolisch statt wörtlich gesehen wird, dann bedeutet das, dass die Verbündete, die den Achäern gezeigt hat, wie man die Mauern durchbricht, Helena und nicht Antenor gewesen sein könnte. Wenn man ihr auch nur das kleinste bisschen Handlungskompetenz zugesteht, ist sie die naheliegende Wahl, da sie vor kurzem durch den Tod von Paris zur Witwe wurde und in der Erzählung explizit erwähnt wird, dass sie beim Diebstahl des schützenden Zaubers von Troja geholfen hat. Ihre letzte Manipulation von Menelaos, den sie überredet, sie mit zurückzunehmen, anstatt sie zu töten, ist ihr endgültiger Sieg, wenn auch ein verdorbener, denn sie wäre eine Visionärin gewesen, die ihrer Unabhängigkeitsträume beraubt und gezwungen gewesen wäre, für den Rest ihres Lebens das Ego eines mächtigen Mannes zu streicheln.

Carl Jung schrieb im zwanzigsten Jahrhundert über viele dieser Archetypen, aber es war kein Revisionismus, der ihn sein Denken auf Menschen richten ließ, die tausende von Jahren vor ihm lebten. Schließlich versuchte er, etwas Universelles herauszuarbeiten. Das war dasselbe, was die Griechen mit ihren Mythen und Geschichten taten, ungeachtet der Überschneidung zwischen den beiden Genres. Glaubten die Griechen, dass der Trojanische Krieg real war? Ja, offensichtlich. Und nein, natürlich nicht.

Kapitel 12: Das Vermächtnis: Heutige Erkenntnisse und Interpretationen

In Ermangelung überzeugender archäologischer Beweise wurde angenommen, dass die Stadt Troja in dem Gebiet existierte, das auf zeitgenössischen Karten im Nordwesten der Türkei als „Troas" bezeichnet wurde. Begeisterte, die von den homerischen Legenden oder den späteren Werken der griechischen Dramatiker fasziniert waren, begaben sich oft auf Pilgerfahrten, um am selben Ufer zu stehen, an dem Achilles so viel Blut vergossen hatte und für dessen Verteidigung Hektor sein Leben gab. Doch erst im späten 19. Jahrhundert gab es für diese These Beweise, als ein ungewöhnliches Duo seine Ausgaben von Homer und seine Spaten nach Kleinasien mitnahm.

Frank Calvert lebte in der Troas nahe dem Hügel Hisarlik. Er war kein professioneller Archäologe, verfügte aber über ausreichende Kenntnisse, um in seiner archäologischen Arbeit effektiv zu sein. Seine Nachforschungen führten ihn zu der Erkenntnis, dass dies ein guter Ort sei, um seine Grabung zu beginnen und 1868 rekrutierte er einen weiteren begeisterten Archäologen namens Heinrich Schliemann. Ihre Erkenntnisse waren überwältigend und eroberten die Welt im Sturm. Obwohl sie Amateure waren, fanden sie antike Helden zusammen mit antiken Mauern und Tonscherben und verliehen der aufstrebenden Disziplin der Archäologie Legitimität. Als er Schmuck fand, vermutete

Schliemann bekanntermaßen, dass er die Accessoires der sagenumwobenen Helena gefunden hatte. Eine neue Generation, inspiriert von den Legenden Homers, sollte bald ihre Fackel in die Neuzeit tragen, um eine der drängendsten Fragen der Geschichte zu beantworten: War der Trojanische Krieg real?

Die Ausgrabungen begannen zu zeigen, dass Troja in der einen oder anderen Form seit etwa 3.000 v.u.Z. besiedelt war. Die Einwohner lebten in einer schwierigen Gegend, die das Leben oft zu einer Herausforderung machte. Archäologische Funde belegen, dass sowohl Kriege als auch Naturkatastrophen wie Erdbeben für das Auf und Ab der trojanischen Macht verantwortlich waren. In Zeiten von Wohlstand und Macht führten solche Verhältnisse dazu, dass die Trojaner Festungen erbauten, um sich zu schützen und Lebensmittel für drohende Hungersnöte oder Belagerungen zu lagern. Tatsächlich war die Nordwesttürkei eine der am geschäftigsten Gegenden des Handels der Antike gewesen, und ihre strategische Engpasslage am Eingang der Dardanellen war wahrscheinlich dazu genutzt worden, ihren Wohlstand durch Handel und Zölle zu vergrößern. Sie benötigten natürlich auch militärische Stärke, um die Zahlung von Zöllen für die durchreisenden Händler und Flotten zu einer besseren Option zu machen als die Aussicht auf eine Auseinandersetzung. Die Schaffung eines Marktplatzes an dieser Kreuzung war auch für sie von großem Interesse gewesen, da eine solche Win-Win-Situation Krieg und Gewalt als erfolgversprechende Strategie uninteressant gemacht hätte, ähnlich wie moderne Wirtschaftsvereinbarungen zwischen den EU-Mitgliedsstaaten einen Dritten Weltkrieg unattraktiv gemacht haben.

Überreste des Athenetempels in Troja. Dieser Tempel entstand nach dem Trojanischen Krieg.
Carole Raddato from FRANKFURT, Germany, CC BY-SA 2.0
<https://creativecommons.org/licenses/by-sa/2.0>, via Wikimedia Commons
https://commons.wikimedia.org/wiki/File:Troy_(Ilion),_Turkey_(7446501008).jpg

Die archäologischen Zeugnisse deuten jedoch nicht auf ein konstantes Wachstum hin. Sie zeigen Perioden von Wachstum und Schrumpfung, während derer die Bevölkerung in Zeiten des Wohlstands wuchs und in armen Perioden zurückgingen. Der Zeitpfeil bewegt sich jedoch nur in eine Richtung. Archäologisch bedeutet das „nach oben". Je tiefer die Artefakte, Wände oder Überreste liegen, desto länger ist es her. Troja wurde nicht am selben Ort wiederaufgebaut, sondern auf den Ruinen der vorherigen Stadt. Diese Schichtung, zusammen mit Methoden wie der Kohlenstoffdatierung, hat Archäologen eine ziemlich gute Vorstellung davon gegeben, wann Troja stark, schwach oder dazwischen war. Die älteste Siedlung von Troja ist Troja I, die zweitälteste Troja II usw.

Troja I war klein, aber wohlhabend, und als es zwischen 2550 und 2300 v.u.Z. zu Troja II heranwuchs, war es aufgrund seiner Größe sehr wohlhabend geworden. Der Bau der ersten Stadtmauern markiert den Übergang von Troja I zu Troja II, mit einer Zitadelle auf dem berühmten strategischen Hügel von Troja, 100 Meter über der umliegenden Ebene.

Doch selbst mit diesem dauerhaften Merkmal sah der Rest der Topographie anders aus. Der größte Unterschied zu heute ist, dass die Stadt viel näher am Meer lag, aufgrund der Ansammlung von Schlamm in Flussdeltas, der die Küste immer weiter hinausgeschoben hat. Die Lage der Stadt direkt am Ufer war von Bedeutung, da sie dadurch sowohl über einen Zugang zum Meer verfügte als auch eine strategische Lage entlang der Landwege einnahm. In vielerlei Hinsicht war Troja eine frühe Version des heutigen Istanbul (die Stadt wurde zuerst Byzanz genannt, dann Konstantinopel und schließlich Istanbul). Ein weiterer Vorteil für die Trojaner war die Art der Seefahrt zu ihrer Zeit, wo Schiffe oft tage- oder wochenlang anlegen mussten, während sie auf günstige Winde warteten. Die Bereitstellung eines sicheren Hafens und einer Unterkunft schuf einen Markt und trug zu ihrem Ruf als Handelszentrum bei.

In der späten Bronzezeit – als die Achäer auftauchten – war Troja großartiger und wohlhabender geworden, als die Bewohner von Troja II dachten. Tatsächlich deuten die Hinweise auf drei Dinge hin. Erstens war Troja größer, als Historiker erwartet hatten. Zweitens, dass Homers Beschreibungen von Troja wahrscheinlich sehr genau waren. Und drittens war es *wahrscheinlich die größte Stadt der Bronzezeit im*

Mittelmeerraum. Troja VII war die letzte Ausbaustufe der Stadt, jene, die von den griechischen Truppen niedergebrannt und dem Erdboden gleichgemacht wurde, aber die Überreste zeigen, dass die Achäer zu einem schlechten Zeitpunkt kamen. Troja war auf seinem absoluten Höhepunkt, unberührt von jeglichem dunklen Zeitalter, Dürre, Krieg oder Rezession. In der Tat scheint es sich mit der fortschreitenden Ausgrabung der Stadt mit moderner Technologie zu erweisen, dass die Achäer rauflustige Underdogs waren, die keinen Anlass hatten, sich mit einem so wichtigen Handelszentrum anzulegen. Sparta wirkte im Vergleich mehr wie ein rückständiges Nest, aus dem Helena vielleicht flüchtete, um ihr Leben in einer kosmopolitischeren und anregenderen Kultur zu verbringen. Troja war nicht nur eine Festung, sondern ein städtebaulicher Komplex mit Außen- und Innenmauern, die nicht nur das Königshaus und den Adel schützten, sondern die gesamte Bevölkerung. Dieses Wachstum und die Verschiebung der Mauern zur unteren Stadt markiert den endgültigen Übergang der Stadt von Troja VII zu Troja VIII.

Die größere landwirtschaftliche Fläche war unter dem Schutz der militärischen Macht Trojas und unter der Führung von Hektor, der den Spitznamen „Zähmer der Pferde" trug, sorgfältig bewirtschaftet worden. Das bedeutete auch, dass ein großer Teil des Reichtums der Trojaner aus der Pferdehaltung stammte. Gezähmte Kriegspferde waren in der späten Bronzezeit weit weniger verbreitet als zur Zeit der griechischen Antike und waren daher viel wertvoller. Die Schafzucht bildete die Grundlage für eine aufstrebende Textilindustrie um Troja herum, deren Produkte die Trojaner über ihren Zugang zum Meer und die Kontrolle von Wasser- und Landwegen in alle Länder des Mittelmeerraums und Kleinasiens exportierten. Alle diese Details sind neuere Enthüllungen, da moderne Geräte eine Analyse der Artefakte ermöglicht haben, die den Archäologen nicht einmal während des zwanzigsten Jahrhunderts zur Verfügung standen.

Diese Enthüllungen zeichnen ein etwas anderes Bild vor dem Hintergrund der ägäischen Hauptmächte der Bronzezeit: der Achäer, der Trojaner und der Hethiter. Während die Einschätzung der Hethiter als mächtigste Macht der drei unverändert geblieben ist, könnte sich die Einschätzung eines Machtgleichgewichts der Achäer und Trojaner im Prozess der Revision befinden. Trojas eigentliches Territorium war klein, ja, aber die zunehmenden Beweise ihres Wohlstands, ihrer Macht und ihres Einflusses haben für Erstaunen gesorgt. Es kann sein, dass die Achäer dies sahen und zwei Dinge erkannten.

Erstens bestand die Möglichkeit, dass ihr „freundlicher Rivale" sie schnell überholen konnte, wenn er nicht gebremst wurde. Trojas Neutralität zwischen den Griechen und den Hethitern hatte ihnen erlaubt, bis zu einem problematischen Punkt zu wachsen. Wenn sie nicht bald etwas unternahmen, konnten sich die Achäer schnell zwei mächtigen Feinden gegenübersehen. Nach dieser Interpretation fand der Trojanische Krieg auf dem Höhepunkt der trojanischen Macht statt, genau aus diesem Grund: Troja war eine gefährliche aufsteigende Macht, die es zu kontrollieren galt. Wenn die Geschichte etwas gelehrt hat, dann, dass die Führer den Status quo bevorzugen, und Troja war im Begriff, diesen in den achäischen Königreichen aus dem Gleichgewicht zu bringen.

Wenn man in dieser Richtung weiterdenkt, könnten die Achäer von Gier getrieben worden sein. Als sie den Reichtum und die Macht sahen, die Troja durch seine strategische Lage angesammelt hatte, begehrten sie das Land, auf dem es lag, und sahen voraus, wie sie selbst an Macht gewinnen würden, wenn sie es kontrollierten. Diese Denkweise liefert eine viel stichhaltigere geopolitische Erklärung dafür, warum andere achäische Führer als Menelaos in den Krieg gezogen wären. Agamemnon könnte vielleicht durch Loyalität zu seinem Bruder gebunden gewesen sein, aber Loyalität war auch kein Merkmal, das üblicherweise von den mörderischen Mitgliedern des Hauses Atreus hochgehalten wurde. All dies wird durch hethitische Tafeln gestützt, die sich auf einen Krieg um 1180 v.u.Z. zwischen den Wilusa, dem hethitischen Namen für die Trojaner, und den Ahhiyawa, dem Namen für die Achäer, beziehen.

Damit wir uns nicht zu leicht von diesem Gedanken mitreißen lassen, sei angeführt, das Troja nicht die einzige Macht in der Ägäis war, die um 1180 v.u.Z. unterging. Aus Gründen, die unklar bleiben, stürzten die meisten Mittelmeermächte um diese Zeit ins dunkle Zeitalter und ihren Ruin, einschließlich der Achäer und Hethiter. Es war wie ein großer Reset-Knopf, und die „Griechen", die aus dem finsteren Zeitalter um Homers Zeit hervorgingen, unterschieden sich ethnisch und kulturell von den Achäern, auch wenn sie noch eine gemeinsame oder verwandte Sprache teilten.

Ebenso sind die Hethiter Kleinasiens in der Bronzezeit nicht die gleichen Hethiter, die wahrscheinlich die Vorfahren der biblischen Hebräer sind. Troja wurde, wie ausführlich dokumentiert, am härtesten getroffen. Der Titel der am „strategisch günstigsten gelegenen Stadt" ging an Byzanz über, und die einzige Möglichkeit, einen Wiederaufbau von Troja zu sehen, war, die Stadt in Lavinium anzusiedeln, wohin Aeneas zog, obwohl die Historizität dieser Legende bestenfalls zweifelhaft ist.

Wären die Achäer besser in der Lage gewesen, aus ihrem Sieg Kapital zu schlagen, wüssten Historiker wahrscheinlich mehr. Aber nach der Plünderung durch die Achäer wurde Troja nicht als griechische Stadt wiederaufgebaut.

Die archäologischen Funde zeigen viel Handel mit den griechischen Königreichen, weisen die Stadt in ihren späteren Entwicklungsstufen aber nicht als griechisch aus. Hätte es einen Trojanischen Krieg gegeben und wäre eine so mächtige Stadt wie die von Homer beschriebene von den Achäern geplündert worden, so gäbe es Hinweise darauf, dass die Sieger versuchten, die Stadt und das Umland zu kontrollieren und neu zu besiedeln. Der vielleicht seltsamste und am wenigsten glaubwürdige Teil des Epischen Zyklus ist, dass jeder nach dem Krieg einfach nach Hause ging oder sich in Italien niederließ.

Warum Italien? Wenn Nestor, Diomedes oder Philoktetes neue Kolonien gründen wollten, warum sollten sie die unglaublich lukrative, die sie gerade erobert hatten, aufgeben? Am Ende stimmt etwas einfach nicht. Höchstwahrscheinlich wurden Homer und die anderen Dichter mit der gleichen Frage zurückgelassen. Was geschah im Mittelmeerraum nach dem Trojanischen Krieg? Ein kataklysmisches Ereignis hätte den gleichzeitigen Niedergang erklärt, aber Beweise für so ein Ereignis fehlen noch. Dennoch, wenn die Autoren des Epischen Zyklus tatsächlich ohne Quellenmaterial oder eine klare Vorstellung davon, was passiert war, waren, dann wäre es sinnvoll, dass sie versuchten, nach vorn zu schauen und nicht zurück. Die Expansion in das westliche Mittelmeer war die neue Grenze des archaischen und klassischen Griechenlands, so dass es sinnvoller war, seine Helden in die „neue Welt" zu schicken, als sie mit dem Rest der alten verschwinden zu lassen.

Diese und andere Fragen lassen Historiker in Bezug auf den Trojanischen Krieg ein wenig ratlos zurück. Es gibt überwältigende archäologische Beweise, dass die Stadt selbst nicht nur existierte, sondern in einer Gestalt existierte, die von der homerischen Legende beschrieben wird. Ja, das darauffolgende dunkle Zeitalter löschte jeglichen Beweis dafür aus, ob ein solcher Krieg zwischen den Achäern und jener Zivilisation real oder erfunden war. Dennoch haben sich griechische Historiker, Dichter und Dramatiker im Laufe der Zeit als seltsam zuverlässig erwiesen, obwohl sie häufig das Übernatürliche einbeziehen.

Infolgedessen glauben die meisten Historiker, dass es einen Krieg zwischen den Achäern und den Trojanern gegeben hat, einen Krieg, der durch zeitgenössische hethitische Texte und die Geschichten späterer Griechen gestützt wird. Dennoch wird das Ausmaß des Krieges, seine Teilnehmer und sein Ausgang von vielen Skeptikern in Frage gestellt. Es scheint ihnen zu unwahrscheinlich, dass ein solch massiver Krieg stattgefunden hat, ohne eine Spur von direkten Beweisen zu hinterlassen, die über ein paar spärliche Zeilen in Aramäisch und eine Stadt, die zur gleichen Zeit wie viele andere Städte auch in Trümmer fiel, hinausgehen. Diese konservativeren Historiker gehen von einem kurzen Krieg mit unbekanntem Ausgang und unklarer Bedeutung aus, wobei beide Kulturen kurze Zeit später niedergingen.

Dennoch ist es wichtig, aus den neu auftauchenden archäologischen Funden so viel wie möglich zusammenzutragen. Die Ruinen, die durch moderne Ausgrabungen freigelegt und erforscht werden, hätten tatsächlich einer zehnjährigen Belagerung standhalten können, vor allem, wenn die Invasionsarmee nicht groß genug gewesen wäre, um die Stadt komplett einzuschließen, ein Detail, das durch Texte aus dem Epischen Zyklus bestätigt wird. Darüber hinaus stimmen die beschriebenen Schlachten und Technologien mit Homers Erzählungen überein, obwohl dies immer dem eigenen Geschichtsverständnis des Dichters zugeschrieben werden könnte.

Die Beweise haben auch einen zwingenderen Grund für den Krieg aufgedeckt, als er im Epischen Zyklus genannt wird. Eine Stadt von Trojas Reichtum und strategischer Lage hätte den Einsatz der Achäer zur Eroberung der Stadt als auch die Investition der Trojaner in die Verteidigung der Stadt geschaffen, die notwendig war, um sie zu erhalten. Auch die spätere Bedeutung von Byzanz und jüngerer Schlachten des Ersten Weltkrieges verdeutlichen die militärische Bedeutung des Ortes. In der berühmten Schlacht von Gallipoli - ein geografisches Äquivalent zu Troja aus dem 20. Jahrhundert - starben über 130.000 Soldaten. Diese Bedeutung würde wiederum die

Notwendigkeit einer wirtschaftlich und militärisch konzentrierten Kultur unterstreichen, die neben dem Krieg gegen die Achäer wahrscheinlich noch viele „Trojanische Kriege" gekämpft hätte. Das würde bedeuten, dass die Menschen schon seit Jahrtausenden um Troja kämpften und starben, bevor die Achäer es angriffen; wer weiß, ob die Trojaner ihrer Zeit selbst die Ureinwohner waren oder nur die jüngsten fremden Eroberer?

Wenn es einen Trojanischen Krieg gegen die Achäer gab, könnte vieles von dem, was bisher angenommen wurde, falsch sein. Der Krieg wurde wahrscheinlich nicht durch ein paar wichtige Showdowns entschieden, bei denen ein Krieger einen anderen Krieger zum Kampf forderte. Wahrscheinlicher war es die jüngste Abfolge von Gefechten in einer länger währenden Serie von Schlachten, mit denen die Armeen versuchten, den strategisch gelegenen Stadtstaat zu kontrollieren. Vermutlich gab es weniger großangelegte Angriffe als Homer beschrieben hat und mehr Guerilla-Aktionen beider Seiten: die Trojaner gegen die achäischen Lager und die Achäer gegen das trojanische Umland. Kurz gesagt, der Krieg wäre eher hässlich als glorreich gewesen. Mit einem Wort, es wäre nur ein Krieg gewesen.

Wie in vielen Kriegen mag es eine List gegeben haben, die den Achäern genau zur richtigen Zeit einen Vorteil verschaffte, als die Trojaner in ihrer Wachsamkeit nachließen. Es könnte etwas gewesen sein, das von jemandem ausgebrütet wurde, der Odysseus ähnelte, oder es könnte auf die Kriegsmüdigkeit der Trojaner und das Glück der Griechen zurückzuführen sein.

Letztlich ist es sehr verlockend, so viel wie möglich über Homers Trojanischen Krieg und seine Helden zu glauben, aber es ist genauso gefährlich wie die Glorifizierung jedes Krieges. Indem wir ihn unter dem Gesichtspunkt der Tugend betrachten, kehren wir seine Auswüchse unter den Teppich, die dann in unserer Welt genauso wie in der der alten Griechen weiterwuchern. Achilles ist ein faszinierender Charakter, aber er wäre ein furchterregender Mensch. Jemanden wie ihn anzubeten, ist ebenso eine Wertschätzung der menschlichen Fähigkeiten wie unserer Neigung, die weitaus größere Zahl der „kleinen Leute" zu vergessen: die Zivilisten, Bauern und gewöhnlichen Leute, die alle im Namen seiner Herrlichkeit starben. Am Ende war es bestenfalls ein Krieg um die Ehre einer Handvoll Menschen und schlimmstenfalls nur um Politik. Heldentum kann immer zur Schau gestellt werden, aber als

Reaktion auf – nicht als Ursache für – den Krieg.

Hat Helenas Gesicht tausend Schiffe in See stechen lassen? Hat die Wut des Achilles tausend Menschen getötet? Die Aufzeichnungen sagen uns in beiden Fällen: wahrscheinlich nicht, und zwar aus verschiedenen Gründen. Aber es gab sehr wahrscheinlich doch einen schrecklichen Krieg, mit viel Sinnlosigkeit und einigem Heldentum, wenn auch wahrscheinlich von Seiten derer, die ihn nie wollten. Die traurige Realität ist, dass wir immer noch die falschen Fragen stellen.

Was würden wir über Helena sagen, wenn sie mehr als ein Heiratswerkzeug gewesen wäre? Und welche großen Taten hätte Achilles vollbringen können, wenn er nicht zu einem Werkzeug des Agamemnon gemacht worden wäre? Diese Fragen sehen den Krieg als ein Hindernis für größere Taten. Achilles würde wohl zustimmen, denn alles, was er am Ende tat, war, andere große Krieger zu vernichten, weil es ihn gut aussehen ließ. Aber vielleicht haben die griechischen Mythen viele Schichten, und das war genau das, was Homer sagte. Achilles wurde durch den Krieg nicht groß gemacht, er wurde durch ihn kleiner. Er verzehrte ihn und wurde zu ihm. Er versuchte, sich vom Krieg abzuwenden (und wollte weg), wurde aber immer wieder von Eitelkeit und Arroganz zurückgehalten.

Denken wir daran, dass Achilles einer der wenigen Helden in der griechischen Mythologie war, der eine Wahl hatte.

Vielleicht entschied er sich gegen seine bessere Natur, ignorierte den Rat seiner Mutter, seine eigene Abneigung gegen Agamemnon und die Unabhängigkeit, die er so dringend durchsetzen musste, indem er tat, was jeder von ihm wollte und erwartete. Er musste gewusst haben, dass ein Talent für den Tod ihn einsam machen würde, und ein Vermächtnis des Todes vielleicht kein sehr glorreiches war. Oder vielleicht ist das nur die Übertragung moderner Ideen auf einen Geist der Bronzezeit, der einen ganz anderen Moralkodex hatte. Wer kann das sagen? Der Punkt ist, dass die Deutungen, Symbolik und Bedeutung der griechischen Mythen so vielfältig sind wie die Leser, und das ist *genau der Grund, warum sie bestehen bleiben.* Ähnlich wie die griechischen Konstellationen sind die unklaren Umrisse ein Merkmal, kein Fehler, und sie ermöglichen es den Menschen, das zu sehen, was sie sahen, *nicht trotz ihrer Unbestimmtheit, sondern gerade deswegen.* Zumindest so etwas in der Art.

Schlussbemerkung

Trotz ihrer vielen Interpretationen, Tausenden von Unterrichts- oder Forschungsstunden und vielen archäologischen Überraschungen, die ihre Behauptung untermauern, bleibt Homers *Ilias* eines der weltweit meistgelesenen und diskutierten Werke aller Zeiten. Obwohl viele seine Bedeutung aus historischer Perspektive beurteilen würden, würden wahrscheinlich ebenso viele Leser die wichtigsten Schlussfolgerungen aus psychologischer Sicht ziehen.

Unabhängig von der Perspektive wird der von Homer präsentierte Trojanische Krieg auch heute noch aus allen Blickwinkeln diskutiert. Diese einfache Tatsache beweist, wie wichtig die Bedeutung des Verständnisses unserer Vergangenheit für die Beurteilung unserer Zukunft ist.

Viele Historiker gehen davon aus, dass der Trojanische Krieg selbst nicht so wichtig war wie das homerische Epos, das darauf folgte, da die *Ilias* für die alten Griechen zu einer Art Bibel wurde. Seine Erzählung inspirierte Tausende von Menschen – ganz zu schweigen von dem großen Krieger Alexander dem Großen – und wurde zu einem der frühesten und am meisten erforschten Werke der Literatur.

Dennoch wird die Geschichte nicht nur von diesem einen literarischen Werk gestützt. Wir haben zeitgenössische Texte, die die Tatsache unterstreichen, dass der Trojanische Krieg kein kleiner Krieg war – oder einer ohne Bedeutung. Mykenische Griechen aus weiten Teilen der Welt vereinigten sich, um Troja anzugreifen. Sie versammelten 70.000 bis 130.000 Mann auf etwa 1.200 Schiffen! Diese

Expedition war ein großes Unterfangen für diese Zeit in der Geschichte.

Der Fall Trojas löste vermutlich das dunkle Zeitalter im alten Griechenland aus, das von etwa 1200 v.u.Z. bis 800 v.u.Z. dauerte – kein kleines Ereignis in der griechischen Geschichte. Homers *Ilias* war nicht nur die Erzählung einer Kriegsgeschichte; sie diente als Ruf nach Einigkeit, nach einem Aufstehen aus der Asche, einer klaren Bestimmung und einem Patriotismus, der in den vergangenen 400 Jahren so gut wie verloren gegangen war. Die Geschichte – von Homer erzählt – half den Griechen, sich an die Mythen und die Geschichten ihrer Vergangenheit zu erinnern und sie gleichzeitig mit einem gemeinsamen Feind in der Zeit der Perserkriege zu verbinden. Auf diese Weise brachte die *Ilias* die Vergangenheit in ihre Gegenwart und förderte Nationalstolz und ein gemeinsames Gefühl des Schicksals.

Trotz dieses wichtigen Einflusses inspirierte der Trojanische Krieg die Griechen zur Erfindung des phonetischen Alphabets; sie bestimmten, welche Vokale und Konsonanten koexistieren, um den Klang gesprochener Wörter wiederzugeben. Ohne diese kann die *Ilias* nicht von ihrer mündlichen Geschichte in ihre schriftliche Form umgewandelt worden sein. Vor dieser wichtigen Zeit wurden zum Schreiben Keilschrift oder Piktogramme verwendet – mit denen sich menschliche Geschichten mit Kraft, Majestät und Emotion nicht festhalten ließen. Das erste Wort in Homers Epos? „Wut."

Wir täten gut daran, uns heute an dieses treffende Wort zu erinnern, wenn wir uns der Drohung eines Krieges nähern.

Schauen Sie sich ein weiteres Buch aus der Reihe Enthralling History an.

Literatur

(2021). Retrieved 23 October 2021, from https://www.theoi.com/articles/what-was-the-cause-of-the-trojan-war/

(2021). Retrieved 23 October 2021, from https://www.greekmythology.com/Myths/Mortals/Philoctetes/philoctetes.html

(2021). Retrieved 23 October 2021, from https://www.greekmythology.com/Myths/Heroes/Achilles/achilles.html

(2021). Retrieved 23 October 2021, from https://www.greekmythology.com/Myths/Figures/Amazons/amazons.html#:~:text=The%20Amazons%20were%20a%20race,the%20god%20of%20war%20Ares.

(2021). Retrieved 23 October 2021, from https://www.masterclass.com/articles/writing-101-the-12-literary-archetypes#12-archetypal-characters-to-use-in-your-writing

(2021). Retrieved 23 October 2021, from https://www.baltimoresun.com/news/bs-xpm-1993-02-22-1993053194-story.html

Achaeans (Homer) - Wikipedia. (2021). Retrieved 23 October 2021, from https://en.wikipedia.org/wiki/Achaeans_(Homer)

Achilles - Wikipedia. (2021). Retrieved 23 October 2021, from https://en.wikipedia.org/wiki/Achilles#Death

Achilles | Myth, Meaning, Significance, & Trojan War. (2021). Retrieved 23 October 2021, from https://www.britannica.com/topic/Achilles-Greek-mythology

Aeneas - Wikipedia. (2021). Retrieved 23 October 2021, from

https://en.wikipedia.org/wiki/Aeneas

Agamemnon - Wikipedia. (2021). Retrieved 23 October 2021, from https://en.wikipedia.org/wiki/Agamemnon

Amazon Warriors Did Indeed Fight and Die Like Men. (2021). Retrieved 23 October 2021, from https://www.nationalgeographic.com/history/article/141029-amazons-scythians-hunger-games-herodotus-ice-princess-tattoo-cannabis

Amazons - Wikipedia. (2021). Retrieved 23 October 2021, from https://en.wikipedia.org/wiki/Amazons

Ancient Troy: The City & the Legend. (2021). Retrieved 22 October 2021, from https://www.livescience.com/38191-ancient-troy.html

Apollo - Wikipedia. (2021). Retrieved 22 October 2021, from https://en.wikipedia.org/wiki/Apollo#Anatolian_origin

Brouwers, J. (2021). The suicide of Ajax. Retrieved 23 October 2021, from https://www.ancientworldmagazine.com/articles/suicide-ajax/

Cassandra - Wikipedia. (2021). Retrieved 22 October 2021, from https://en.wikipedia.org/wiki/Cassandra

Epic Cycle - Livius. (2021). Retrieved 23 October 2021, from https://www.livius.org/sources/content/epic-cycle/

Epic Cycle - The Center for Hellenic Studies. (2021). Retrieved 23 October 2021, from https://chs.harvard.edu/primary-source/epic-cycle-sb/

Epic Cycle - Wikipedia. (2021). Retrieved 23 October 2021, from https://en.wikipedia.org/wiki/Epic_Cycle

Expedition Magazine - Penn Museum. (2021). Retrieved 23 October 2021, from https://www.penn.museum/sites/expedition/the-hittites-and-the-aegean-world/

Fall of Troy: the legend and the facts. (2021). Retrieved 22 October 2021, from https://theconversation.com/fall-of-troy-the-legend-and-the-facts-92625

First Sacking of Troy in Greek Mythology. (2021). Retrieved 22 October 2021, from https://www.greeklegendsandmyths.com/first-sacking-of-troy.html

Geology corresponds with Homers description of ancient Troy. (2021). Retrieved 22 October 2021, from https://www1.udel.edu/PR/UDaily/2003/troy030303.html

Greek & Roman Mythology - Homer. (2021). Retrieved 23 October 2021, from https://www2.classics.upenn.edu/myth/php/homer/index.php?page=trojan

Hancox, D. (2021). The Archetypal Father. Retrieved 23 October 2021, from https://corecounselling.ca/the-archetypal-father/#:~:text=The%20Father%20archetype%20combines%20the,to%20put%20ideas%20into%20fruition.

Hektor in Greek Mythology. (2021). Retrieved 22 October 2021, from https://www.greeklegendsandmyths.com/Hektor.html

Hercules' Ninth Labor: Hippolyte's Belt. (2021). Retrieved 23 October 2021, from http://www.perseus.tufts.edu/Heracles/amazon.html

Hippolyta in Greek Mythology. (2021). Retrieved 23 October 2021, from https://www.greeklegendsandmyths.com/hippolyta.html

Idomeneus of Crete - Wikipedia. (2021). Retrieved 23 October 2021, from https://en.wikipedia.org/wiki/Idomeneus_of_Crete

Iphigenie - Wikipedia. (2021). Retrieved 23 October 2021, from https://en.wikipedia.org/wiki/Iphigenie

Judgement of Paris - Wikipedia. (2021). Retrieved 23 October 2021, from https://en.wikipedia.org/wiki/Judgement_of_Paris

Lindberg, T. (2021). Achilles and Patroclus: Archetypal Heroes. Retrieved 23 October 2021, from https://warontherocks.com/2015/12/achilles-and-patroclus-archetypal-heroes/

Memnon: the African warrior who made Achilles bleed. (2021). Retrieved 23 October 2021, from https://thinkafrica.net/memnon-african-in-troy/

Menestheus - Wikipedia. (2021). Retrieved 23 October 2021, from https://en.wikipedia.org/wiki/Menestheus

Mike Greenberg, P., Mike Greenberg, P., & Mike Greenberg, P. (2021). Diomedes: A Hero of the Trojan War. Retrieved 23 October 2021, from https://mythologysource.com/diomedes-trojan-war/

Mycenaean Greece - Wikipedia. (2021). Retrieved 23 October 2021, from https://en.wikipedia.org/wiki/Mycenaean_Greece#Political_organization

Neill, C. (2021). Understanding Personality: The 12 Jungian Archetypes. Retrieved 23 October 2021, from https://conorneill.com/2018/04/21/understanding-personality-the-12-jungian-archetypes/

Nestor | Greek mythology. (2021). Retrieved 23 October 2021, from https://www.britannica.com/topic/Nestor-Greek-mythology

NPR Cookie Consent and Choices. (2021). Retrieved 23 October 2021, from https://www.npr.org/templates/story/story.php?storyId=6117459

Original Sources - Discover Trojan War. (2021). Retrieved 23 October 2021, from https://www.originalsources.com/Discover.aspx?ID=363

Original Sources - Fragment #1. (2021). Retrieved 23 October 2021, from https://www.originalsources.com/Document.aspx?DocID=SFSAGL8BJN6SDXM

Original Sources - Fragment #1. (2021). Retrieved 23 October 2021, from https://www.originalsources.com/Document.aspx?DocID=HNLSDCYI215BPWW

Original Sources - Fragment #1. (2021). Retrieved 23 October 2021, from https://www.originalsources.com/Document.aspx?DocID=CFYALH4C4RY16CA

Palladion (classical antiquity) - Wikipedia. (2021). Retrieved 23 October 2021, from https://en.wikipedia.org/wiki/Palladion_(classical_antiquity)

Peleus - Wikipedia. (2021). Retrieved 23 October 2021, from https://en.wikipedia.org/wiki/Peleus

Penthesilea. (2021). Retrieved 23 October 2021, from http://www.hellenicaworld.com/Greece/Mythology/en/Penthesilea.html

Philoctetes - Wikipedia. (2021). Retrieved 23 October 2021, from https://en.wikipedia.org/wiki/Philoctetes

Priam - Wikipedia. (2021). Retrieved 22 October 2021, from https://en.wikipedia.org/wiki/Priam

Scythians. (2021). Retrieved 23 October 2021, from https://www.worldhistory.org/Scythians/

Strauss, B. (2006). Strauss Offers Fresh Look at 'Trojan War'. Retrieved 22 October 2021, from https://www.npr.org/templates/story/story.php?storyId=6117459

Strauss, B. (2008). The Trojan War. London: Arrow.

The Final Labors of Heracles. (2021). Retrieved 23 October 2021, from https://www.greecetravel.com/greekmyths/argos8.htm

The Mythology of Tenedos. (2021). Retrieved 23 October 2021, from https://www.cointalk.com/threads/the-mythology-of-tenedos.332304/

The search for the lost city of Troy - British Museum Blog. (2021). Retrieved 23 October 2021, from https://blog.britishmuseum.org/the-search-for-the-lost-city-of-troy/

There could be surprising findings in Troy: Excavation head. (2021).

Thetis - More than Achilles's Mom. (2021). Retrieved 23 October 2021, from https://www.thoughtco.com/thetis-not-just-a-greek-nymph-116707

Trojan War - Wikipedia. (2021). Retrieved 23 October 2021, from https://en.wikipedia.org/wiki/Trojan_War#Gathering_of_Achaean_forces_and_the_first_expedition

Trojan War - Wikipedia. (2021). Retrieved 23 October 2021, from https://en.wikipedia.org/wiki/Trojan_War

Who Was Agamemnon? (2021). Retrieved 23 October 2021, from https://www.thoughtco.com/agamemnon-116781

Winkle, C. (2021). The Eight Character Archetypes of the Hero's Journey. Retrieved 23 October 2021, from https://mythcreants.com/blog/the-eight-character-archetypes-of-the-heros-journey/

www.ingramcontent.com/pod-product-compliance
Lightning Source LLC
Chambersburg PA
CBHW070339010526
44107CB00004B/547